La fin des temps

W0279839

PACO RABANNE

Trajectoire	*J'ai lu*	3411/3
La fin des temps	*J'ai lu*	3786/3
Le temps présent	*J'ai lu*	4028/3

Paco Rabanne

La fin des temps

D'une ère à l'autre

Éditions J'ai lu

© Éditions Michel Lafon, 1993

Trajectoire *m'apporta la joie d'œuvrer en équipe avec Huguette Maure et Olivier de Broca.*

Je les remercie pour ce nouveau livre, écrit dans le respect de mon inspiration, travaillé avec persévérance et amour.

Et je souhaite que tous trois, nous poursuivions, en toute humilité, ce chemin de lumière...

Quelques lignes en forme de remerciements... et d'avertissement

Je tiens d'abord à remercier les nombreux lecteurs de Trajectoire *qui ont pris la peine de m'écrire pour me dire qu'ils partageaient mes convictions et qu'ils avaient fait l'expérience de révélations et d'aventures spirituelles semblables à la mienne, ou plus extraordinaires encore. Il m'est matériellement impossible de répondre à tous. Mais qu'il est rassurant cependant – pour eux comme pour moi – de découvrir qu'une vision « particulière » du monde ne nous condamne plus au rôle de « phénomènes de foire » ou de « doux dingues »... Mon livre aura peut-être contribué à ébranler un peu l'assise d'un scepticisme si souvent dommageable à la quête de la vérité. Le doute érigé en principe a le grave inconvénient de ne pas faire avancer les choses. Or, aujourd'hui plus que jamais, nous devrions tous chercher à être des « initiés » : nous devrions nous mettre en chemin, partir en quête de Connaissance. Quelle satisfaction pour moi donc, si, comme veulent bien me le confier certaines lettres, j'ai pu indiquer quelques voies d'exploration nouvelles !*

Livre d'espoir et de curiosité, Trajectoire *s'interdisait cependant de flatter le lecteur dans le sens d'un optimisme béat. Ainsi, les pages que je consacrais à l'Apocalypse et à ses prémices m'ont valu d'abondantes réactions. Certains me reprochaient de livrer une image excessivement sombre de l'avenir. Dans les conférences où j'ai eu l'occasion par la suite de parler de la fin des Temps, j'ai pu voir les visages effarés – et l'air dubitatif – de ceux à qui j'annonçais* ex abrupto *les terribles échéances suspendues au-dessus de nos têtes. À tel point que j'ai finalement choisi de commencer mes interventions, comme je le fais ici, par un avertissement : « Accrochez vos ceintures, cramponnez-vous, car vous risquez d'en prendre plein la figure ! »*

Le rôle de Cassandre n'a jamais été facile. Tirer la sonnette d'alarme est perçu comme une atteinte aux convenances. Dans l'Antiquité, on allait jusqu'à mettre à mort les porteurs de mauvaises nouvelles. Aujourd'hui, en dépit des clignotants qui s'allument au rouge un peu partout, nombreux sont ceux qui préfèrent tout simplement garder leurs œillères si rassurantes : sans doute s'imaginent-ils qu'ils avanceront mieux et plus loin en ignorant ce qui se passe autour d'eux...

Pourtant, ces derniers mois, j'ai pu constater que mes propos « alarmistes » recevaient un accueil différent. Les gens semblent désormais mieux préparés à ce discours, ils m'écoutent avec davantage d'attention que naguère. Une majorité de lettres me reproche même désormais de ne pas aller assez loin ! Ces auditeurs – ou lecteurs – voudraient que je durcisse mes mises en garde, dans l'espoir peut-être de modifier la route suicidaire sur laquelle s'est engagée l'humanité.

Cette attitude nouvelle découle d'une certitude qui s'impose aujourd'hui à tous : « Cela ne peut plus continuer ainsi », entend-on répéter partout. Un sentiment de tension extraordinaire saisit le monde, confronté à une quantité de problèmes apparemment aussi insolubles que grandissants : démographie galopante, effets multiples et désastreux de la pollution, développements inquiétants de la génétique, violence ethnique ou urbaine, désordre des esprits... Chacun sent confusément que, dans nos comportements vis-à-vis de nos prochains comme de la Nature, nous avons trop tiré sur la ficelle. Comme d'autres avant elle, notre civilisation est parvenue au point de rupture.

« Cela ne peut plus continuer ainsi... » Mais alors, que va-t-il se passer ? Où allons-nous ?

De nombreux textes prophétiques peuvent nous éclairer sur les échéances prochaines. N'est-il pas toujours préférable de savoir ? D'autant que nous pouvons espérer puiser dans ces prophéties des indications qui pourraient nous permettre de sortir de l'ornière.

Trajectoire *était avant tout un livre autobiographique. Celui-ci est plus ambitieux sans doute, puisqu'il s'intéresse au devenir de l'humanité. Le premier marquait à sa manière l'aboutissement de l'ère des Poissons – ère de la quête intérieure et personnelle –, le second se voudrait le livre de la tran-*

sition vers l'ère du Verseau, qui sera placée sous le signe de la fraternité, de la solidarité collective.

Cette transition, malheureusement, pourrait s'effectuer dans les pires conditions, si l'homme ne se reprend pas...

Mon propos n'est pas d'inspirer la terreur, mais d'exposer les menaces qui pèsent sur notre avenir. Pour le reste, comme le dit l'Ancien Testament : « Écoute qui veut écouter, refuse d'entendre qui veut refuser ! »

Écris donc ce que tu as vu, ce qui est, ce qui doit arriver après toutes choses !

Apocalypse de saint Jean

CHAPITRE PREMIER

URGENCE !

Écrire ce que j'ai vu... Voici une recommandation qui paraît facile à suivre et à laquelle pourtant je ne me suis pas toujours plié. Pourquoi suis-je resté jusqu'ici en deçà de ce que j'avais à dire ? La raison première de cette réserve peut paraître illégitime, elle n'en est pas moins suffisante : je craignais d'affronter le regard des incrédules ou celui, plus terrible encore, des moqueurs. Car j'ai souvent pu observer qu'un homme, public ou non, s'expose au ridicule dès lors qu'il lui vient l'étrange courage de dévoiler une conviction intime, surtout lorsque celle-ci s'appuie en premier lieu sur sa sensibilité propre plus que sur un raisonnement logique, et sur des pressentiments plus que sur des preuves tangibles.

Pourtant, ne voit-on pas aujourd'hui que ce règne de la raison absolue, glorifié par le Siècle des Lumières et caricaturé par le positivisme de la révolution industrielle, ne voit-on pas que ce despotisme est en train de vaciller sur ses bases ? Les conséquences souvent désastreuses – sur le plan écologique et humain – du sacro-saint « progrès » amènent peu à peu l'intelligence humaine à davantage de modestie. D'autant plus que, dans ses fulgurations récentes, la raison des scientifiques ne fait précisément que redécouvrir ce que le chœur de tous les mystiques répète depuis des siècles et qui pourrait se résumer ainsi : la formidable primauté de la spiritualité sur la matérialité.

C'est sans doute ce climat favorable qui m'a poussé aux premières confidences. J'ai senti que le moment était venu et qu'on ne me reléguerait pas d'emblée, sans m'avoir écouté, dans la catégorie des fous furieux. Quant au qualificatif d'« illuminé » qu'on a parfois employé à mon égard, je l'ai repris volontiers à mon compte : je préférerai toujours être « allumé » plutôt qu'éteint.

Ne vaut-il pas mieux en effet partir en quête de la vérité – quand bien même elle ne serait finalement que la sienne – plutôt que se condamner à rester perpétuellement prisonnier d'un carcan de préjugés qui n'a même pas le mérite d'assurer notre confort moral et spirituel ? Pourquoi ne pas miser sur la cohérence du monde, son absurdité nous condamnant inéluctablement au désespoir ?

C'est ainsi que j'ai commencé par dire dans un premier livre ma croyance en la réincarnation, croyance selon laquelle notre existence actuelle n'est qu'un maillon de la chaîne de vies qui forme la « trajectoire » de notre être profond. J'ai exposé par quels signes et par quelles visions cette conviction s'était développée en moi dès mon plus jeune âge et comment se sont imposés à ma mémoire les souvenirs de mes vies antérieures. J'ai dit ensuite les « dons » de voyance dont, encore adolescent, j'avais eu la révélation : « pouvoirs » que j'avais naïvement – et surtout avec beaucoup d'inconscience – voulu exploiter à des fins personnelles. Je me suis efforcé d'attirer l'attention de ceux qui voulaient bien me lire sur cette forêt de symboles qui nous entoure, dans les textes sacrés autant que dans nos caractéristiques physiques, révélatrices de nos incarnations passées, ou encore dans la mode – puisque tel reste mon domaine de prédilection artistique. Autant de signes qui, comme une passerelle jetée sur le vide, nous laissent parfois pénétrer dans un monde qui n'est pas « autre » – car il est toujours le nôtre –, mais un monde qui serait fait de « sens » et de « lumière », le chaos de la vie n'étant qu'apparent. Comme le rappelait un scientifique célèbre, le hasard n'est en réalité que ce que nous sommes encore incapables d'expliquer...

Cette conviction m'a été apportée en particulier par une vision bouleversante que j'ai déjà évoquée dans *Trajectoire*... sans toutefois oser dire tout ce que j'avais vu. Il s'agit en fait d'une expérience de voyage astral, telle qu'ont pu en connaître un certain nombre de personnes.

On se souvient peut-être qu'à l'âge de sept ans, alors que je me trouvais allongé sur mon lit dans un demi-sommeil et qu'en s'efforçant d'abolir le temps mon esprit s'élevait lentement de mon corps inerte, je fus soudain transporté devant une lumière intense, dont l'origine m'échappait. Je devais comprendre peu à peu que j'étais en train de revivre l'instant qui avait précédé ma « descente » sur Terre, ma dernière incarnation...

Je n'avais plus conscience de mon existence propre, car je me trouvais confondu avec la source de toute lumière et de toute connaissance. J'étais face à face avec la Divinité, ce centre énorme qui vibre au rythme du cosmos. D'instinct, je savais que je me trouvais dans le Septième Plan Vibratoire, le plus élevé, celui où tout n'est plus qu'Essence. Je n'avais plus forme de corps, j'étais une simple entité vibratoire et lumineuse. Chaque seconde qui passait s'identifiait pour moi à l'éternité. J'étais heureux, contemplant l'immensité et communiant avec l'infini. Heureux parce que je n'étais plus moi, étant Lui. Comblé car confondu avec la Totalité.

Mais brusquement, cette extase a été interrompue. Une présence différente venait de troubler ma joie. Me détournant de la face de l'Un, je découvris alors ce qui m'apparut comme de grands X de lumière et que, par une sorte d'anthropomorphisme naturel, je devais par la suite nommer des « Vieillards », car ils me semblaient vieux comme le monde, au sens le plus littéral.

Au nombre de vingt-quatre, ces Vieillards m'observaient avec gravité. Je leur ai adressé une interrogation muette – car nous communiquions sans la moindre parole :

– Que me voulez-vous ?

– Tu dois redescendre, te redensifier.

Ma réponse fut immédiate. J'ai hurlé :

– Non ! J'ai fini mon karma sur la planète Terre...

– Regarde ! m'ont-ils dit alors.

Le globe de notre Planète Bleue m'est apparu. Un être s'en approchait. Cette entité, que je devinais n'être autre que moi, allait choisir un corps humain dans lequel s'incarner. Et c'est là que je vis le destin de l'humanité.

Je me trouvais projeté dans un monde d'adultes absolument terrifiant. Devant mes yeux épouvantés ont alors défilé les scènes effroyables dont j'allais être le témoin tout au long de mon existence terrestre.

Ce fut tout d'abord la guerre qui embrasait ma terre natale, l'Espagne, et les premiers bombardements aériens ayant pris pour cible une population civile, celle de Guernica. Ces déchirements fratricides allaient marquer profondément mes jeunes années, puisque mon père devait être fusillé par les franquistes et qu'il me fallut fuir avec ma mère à travers les montagnes enneigées, en direction de la France, devenue depuis ma terre d'asile.

J'ai vu ensuite les horreurs de la guerre de 39-45, avec ses dictateurs assoiffés de sang, ses régimes barbares et ses camps de la mort. J'ai entendu les hurlements des femmes et des enfants sacrifiés et gazés à Auschwitz, à Buchenwald et ailleurs. Pour mon malheur, et pour celui de l'humanité, l'Histoire est venue confirmer mes visions.

Puis j'ai vu le crime gagner peu à peu toute la planète. J'ai vu le monde, à l'origine si lumineux, s'obscurcir de plus en plus. Je l'ai vu s'enfoncer inexorablement dans l'oppression, la misère et la destruction.

Le spectacle insoutenable ne s'arrêta pas là. Car j'ai vu aussi la Troisième Guerre mondiale, ou l'abomination absolue. Ce n'était plus un affrontement de nation à nation, mais un conflit chaotique où l'on se battait de rue en rue, de fenêtre en fenêtre, avec pour seul mobile le plaisir de tuer l'autre sans se soucier de savoir qui il est... Les combats se propageaient comme une peste de village en village, de province en province pour couvrir enfin toute l'étendue de la planète. Guerre religieuse, guerre ethnique, guerre de survie, guerre totale...

La Planète Bleue se trouva alors plongée dans d'horribles ténèbres d'où ne s'échappaient plus que des hurlements de terreur et d'affolement.

Annoncés par les prophètes, les trois jours de Yahvé étaient venus...

Au terme de ces trois jours, j'ai vu les survivants errer comme des bêtes, puis s'entre-déchirer pour se livrer au cannibalisme et autres crimes innommables.

Puis brusquement, j'ai vu surgir la Bête immonde...

Et tout s'est arrêté.

Je me suis senti alors happé vers la Terre, transporté d'un trait, percé d'une douleur inouïe, prix de mon passage de l'état de lumière éthérée à celui de matière. Une pointe venait de me crucifier au cœur de la densité. J'étais à présent réincarné, j'avais choisi un couple qui serait celui de mes géniteurs. Alors commença une nouvelle existence, sous la forme de Francisco Rabaneda-Cuervo, qui devait plus tard prendre le nom de Paco Rabanne.

Cette révélation extraordinaire qui m'avait laissé pantelant, cloué sur mon lit, je fus longtemps incapable de la partager avec quiconque. Mes rares tentatives dans cette voie se heurtèrent aux railleries de mon frère aîné ou à l'incrédulité amusée de ma mère. Mon voyage astral redevint peu à peu un simple rêve d'enfant. Ou peut-être un cauchemar... Quoi qu'il en soit, je mis ce songe dans ma poche et mon mouchoir par-dessus.

Ou plutôt, je m'efforçai inconsciemment de n'en garder que les éléments les plus positifs, c'est-à-dire la découverte d'un monde immatériel, « magique » au sens noble du terme, qui doublait le nôtre et venait l'enrichir. Il existait entre ces deux univers, entre ces deux plans vibratoires différents, des correspondances étroites, l'un étant le calque de l'autre, de telle sorte que le monde m'apparaissait désormais comme un hologramme, c'est-à-dire que mon corps dans son infinie petitesse était à l'image du cosmos dans son infinie grandeur. D'autre part, mon être ne se réduisait pas à ce corps présent, ni même à son existence actuelle : il s'était incarné de nombreuses fois, à des époques différentes, non pour satisfaire une quelconque soif de jouissances matérielles, mais au contraire pour s'affiner, pour alléger son karma, c'est-à-dire pour se défaire peu à peu des erreurs accumulées dans le passé.

On le voit, je gardais ainsi tout ce qui m'aidait à donner un sens à la vie, et en particulier la certitude d'une consubstantialité au monde, lequel cessait dès lors de m'effrayer. Si j'étais une partie du Tout, qu'avais-je à craindre de lui ? En revanche, je passais sous silence ce que ma vision avait eu de plus angoissant. Un enfant de sept ans n'avait que faire de ces scènes d'apocalypse. Ou plutôt, incapable de les contempler, il préférait les refouler au plus profond de lui-même.

Malheureusement, les événements historiques sont venus confirmer la première partie des images atroces qui s'étaient imposées à mon esprit. Or, je l'ai dit et je le répète avec effroi, le pire reste à venir...

On pourrait s'étonner du fait que, porteur d'une telle certitude, j'aie néanmoins poursuivi avec ambition une carrière de couturier. Pourquoi ne suis-je pas plutôt allé trouver refuge dans une grotte de l'Atlas ? Ou bien pourquoi n'ai-je pas utilisé toutes mes ressources à bâtir une sorte d'abri antiatomique dans lequel je pourrais éventuellement échapper aux horreurs que tout nous laisse présager ?

C'est que loin de me condamner au renoncement ou à l'inaction, ces visions d'apocalypse m'ont sans doute encouragé à mener ma vie au mieux, matériellement et spirituellement. J'aurai l'occasion de m'en expliquer plus loin, mais il me suffit de dire dès maintenant que, paradoxalement, j'ai puisé là un espoir et surtout une volonté qui ne m'ont jamais fait défaut par la suite.

Les miens ont longtemps mené la vie modeste et souvent recluse d'une famille d'exilés espagnols antifranquistes dans une France qui devait bientôt se trouver sous occupation allemande. Enfant curieux, amoureux de cette Nature dont je sentais, à chaque pas, les liens qui m'unissaient à elle, je me passionnais aussi bien pour les sciences biologiques que pour la « magie », laquelle me faisait pénétrer plus avant dans la connaissance intime de notre monde.

Plus tard, je montai à Paris pour entrer en école d'architecture, aux Beaux-Arts. Ce furent des années d'études durant lesquelles je m'initiai en particulier à l'histoire de l'art et des civilisations anciennes avec une passion d'autant plus grande que j'y trouvais le troublant écho de mes vies antérieures. Mes lectures me conduisaient de plus en plus vers l'ésotérisme et le décryptage des messages sacrés ou prophétiques.

Progressivement, je délaissai l'architecture pour me consacrer à la mode. De plans graphiques en esquisses, de maquettes en confection d'accessoires divers, il y avait un pas sans doute audacieux mais que je n'hésitai pas à franchir. Jusqu'au jour où, beaucoup par esprit de provocation, je présentai ma première collection de mode, pour laquelle je fis défiler des amazones bardées de métal devant une salle enthousiaste ou scandalisée, déclenchant ainsi un des plus beaux charivaris de l'histoire de la haute couture. Ma carrière de couturier était lancée...

Parallèlement, toujours hanté par mes visions d'enfance et troublé par la manifestation régulière d'une « supra » sensibilité que je n'osais encore identifier à des pouvoirs de médium, je poursuivais ma quête spirituelle, cherchant dans les livres saints ou érudits la confirmation d'une vérité pressentie.

Cette confirmation, je la trouvais aussi – et je continue de la trouver aujourd'hui – dans l'exercice de mes méditations, qui toutes me rappellent mon lien avec l'au-delà ainsi que mon appartenance à une longue chaîne ancrée dans la nuit du monde.

Seulement, depuis quelque temps déjà, ces méditations s'avèrent de plus en plus traumatisantes. Longtemps restées enfouies, les images d'horreurs que m'avaient infligées en avertissement les Vingt-Quatre Vieillards reviennent aujourd'hui avec une force plus grande que jamais. Partout, je ne vois que massacres et désolation.

Un mot surtout résonne dans mon esprit, un mot qui claque à mes oreilles, claironné sans relâche par mes guides spirituels : « Urgence ! Urgence ! »

C'est cette injonction qui m'oblige aujourd'hui à prendre de nouveau la parole. S'il y a urgence, c'est qu'en cette fin de millénaire, les périls montent à une vitesse croissante. On ne me contredira pas sur ce point. Il faudrait être sourd et aveugle pour ignorer les dangers qui se profilent à l'horizon. Et si nous n'en avons pas toujours pleinement conscience, c'est peut-être précisément que nous sommes déjà au cœur de cette période de troubles et de bouleversements annonciateurs du grand cataclysme. L'acteur peut difficilement être juge de la pièce qu'il joue, de même que le fantassin n'a qu'une vision très limitée du champ de bataille.

Pourtant, il ne s'agit plus désormais de savoir déchiffrer les signes cachés mais tout simplement d'ouvrir les yeux. Les conflits raciaux, la famine ou encore la destruction de notre planète par la pollution ne sont plus des mirages que l'on aperçoit vaguement à grande distance et dont on puisse encore douter : ces dangers constituent d'ores et déjà notre réalité.

« Urgence ! » donc, si nous voulons avoir quelque chance d'infléchir une courbe qui pourrait nous entraîner vers la pire des catastrophes.

« Urgence ! » car nous arrivons à la fin des Temps.

Je dis bien la fin des Temps, de nos Temps actuels, et non la fin du monde. Car il faut d'emblée dissiper un malentendu fréquent. Il ne s'agit pas de la fin de tous les Temps, que des prédicateurs souvent peu scrupuleux brandissent de façon hystérique pour effrayer leurs fidèles. Que l'on se rassure ! La fin du monde, qui fait les choux gras des films-catastrophe et des oiseaux de malheur, n'est pas pour demain. Le monde se porte bien, merci pour lui. Mais la Terre, elle, est malade. Et cette maladie laisse présager que nous sommes à l'aube d'un tournant important, qui pourrait bien s'effectuer dans les pires conditions si nous n'y prenons garde...

Je sais qu'on va m'accuser d'éveiller par mes cris, et avec un peu d'avance, la grande peur de l'an 2000, comme il y a eu, dit-on, celle de l'an 1000.

Le moment pourrait en effet sembler particulièrement opportun. On sait quelle inquiétude sourde, voire quelles angoisses réelles, peut susciter en nous l'idée d'un changement de millénaire. Relayé par une science-fiction fantasmagorique, notre inconscient nous présente cette fameuse barre de l'an 2000 comme un cap des plus périlleux, ou comme un butoir sur lequel nous n'allons pas manquer de nous fracasser. Mais il s'agit là somme toute d'un phénomène sans autre fondement que psychologique.

La meilleure preuve en est sans doute que cette date-balise est une pure convention. Le nombre en soi ne signifie pas grand-chose, sinon rien, et ce basculement soudain dont nous nous effrayons tant n'a de réalité que sur nos calendriers.

On sait en effet les controverses qui existent sur la datation exacte de l'ère chrétienne. Je me souviens ainsi de ma surprise lorsque, jeune lecteur, j'ai découvert que le roi Hérode le Grand – dont Matthieu nous dit qu'il fit égorger tous les enfants de Bethléem dans l'espoir de faire disparaître le futur « roi des Juifs » qui venait de naître –, ce Hérode sanguinaire, donc, était mort selon tous les exégètes et les encyclopédistes quatre années avant... la naissance « officielle » de Jésus-Christ !

Tracassé par ce type d'incohérence, j'appris alors que la décision de compter les années à partir de la naissance du Christ remontait à l'an 532 de notre ère et que l'idée en revenait à Denys le Petit. Le premier jour de l'an de Rome 754 devint le 1er janvier de l'an 1 de l'ère chrétienne.

Toutefois, par la suite, on s'aperçut que Denys le Petit avait commis une erreur de calcul et que le Christ était né au moins quatre ans avant la date choisie. On convint cependant de s'en tenir à ce calendrier dionysien. Mais chacun peut vérifier dans son dictionnaire que Jésus-Christ est né quelques années (entre quatre et sept selon les interprétations)... avant Jésus-Christ.

Autrement dit, nous ne serions pas aujourd'hui en 1993 mais en 1997... ou même déjà en 2000! Donc ce fameux « an 2000 » que nous attendons avec tant d'appréhension serait en fait l'an 2004, voire 2007...

Voilà un flou artistique qui devrait nous prémunir de tout vent de panique et nous inciter à plus de méfiance face à ceux qui brandissent l'échéance de cette fin de millénaire comme un épouvantail.

L'autre excellente raison de ne pas se pencher avec myopie sur notre calendrier, c'est qu'il y aurait un fâcheux nombrilisme à croire qu'un bouleversement planétaire devrait survenir à une date qui n'est un repère que pour nous autres chrétiens ou Occidentaux. En effet, notre an 2000 ne marquera la fin d'un millénaire ni pour les Arabes, ni pour les Juifs. Pour les premiers, nous serons en l'an 1421 de l'Hégire et pour les Juifs en l'an 5760... Gardons-nous donc de toute fixation sur une date qui n'est « fatidique » que pour une fraction de l'humanité, fût-elle la nôtre.

En outre, la plupart des historiens spécialistes du Moyen Âge s'accordent à dire que la célèbre grande peur de l'an 1000 fut doublement une chimère. D'abord parce que ce passage de trois à quatre chiffres ne fut suivi d'aucune catastrophe spectaculaire. Ensuite et surtout parce qu'il semble bien que cette grande peur... n'eut tout simplement pas lieu. On dénombre bien quelques prédicateurs locaux qui annoncèrent l'imminence de l'Apocalypse, mais ils ne reçurent qu'un très faible écho, ne serait-ce que parce que les moyens de communication de l'époque étaient des plus réduits... La peur de l'an 1000 semble avoir été une invention des siècles suivants.

Oublions donc cette date de l'an 2000, bien trop précise et conventionnelle pour avoir une quelconque signification ou influence sur notre destin commun.

Alors, me direz-vous, pourquoi s'inquiéter ? Pourquoi la transition entre les deuxième et troisième millénaires ne s'effectuerait-elle pas de façon aussi paisible que le passage du premier au deuxième ?

Rien n'est moins sûr. Car des facteurs plus pertinents que notre datation officielle entrent ici en ligne de compte. Tout indique en effet que l'humanité se trouve actuellement au terme d'un *cycle,* notion autrement plus déterminante que celle de millénaire.

Chacun peut voir aisément que notre vie entière est faite de cycles, à l'image du cosmos lui-même ; ce qui ne devrait pas nous étonner, puisque « ce qui est en bas est comme ce qui est en haut et vice versa », selon la règle d'or fixée par Hermès Trismégiste, auteur du *Corpus Hermeticum,* source d'inspiration inépuisable pour les penseurs grecs et chrétiens. Ainsi la nuit chasse le jour jusqu'à l'aube comme le sommeil chasse la fatigue accumulée la veille. Les saisons meurent et renaissent, et avec elles une grande partie de la flore et de la faune. Au-dessus de nos têtes, le ballet céleste se renouvelle avec une précision d'horloger, chaque astre retrouvant à intervalle régulier sa place dans cette chorégraphie. Chacun sait que ce que nous appelons une année correspond au temps nécessaire à la Terre pour effectuer une révolution complète autour du Soleil, soit trois cent soixante-cinq jours un quart.

En revanche, on connaît moins l'année dite « précessionnelle », qui pourtant régit le destin de l'humanité sur des durées beaucoup plus vastes. Les lecteurs férus d'astronomie voudront bien excuser la simplification à laquelle je vais me livrer, car il nous suffit ici de comprendre le principe de ce cycle sans entrer dans le détail.

Tout en évoluant autour du Soleil, la Terre pivote sur elle-même. Mais ce mouvement est perturbé de façon complexe par la dissymétrie de notre planète et par l'attraction solaire et lunaire. De telle sorte que la Terre est affectée par un autre mouvement, que l'on appelle précession, et qui consiste en une rotation de toupie très lente autour de son plan orbital, nommé écliptique. Donc l'axe de la Terre n'est pas fixe par rapport aux étoiles et à la voûte céleste. Il se déplace d'un degré tous les soixante-douze ans – soit une vie humaine – et effectue le cycle complet en 25 920 années. L'étoile polaire n'est polaire que pour notre époque : dans quelques milliers d'années, une autre aura pris sa place.

25 920 ans. Vingt-six millénaires... Voici la durée de l'année dite précessionnelle. Elle nous semble colossale ; elle n'est qu'une courte étincelle au regard de l'histoire cosmique. Cette année précessionnelle constitue ce que les Grecs appelaient la Grande Année, au terme de laquelle la Terre retrouve exactement sa place sur l'écliptique.

Parce qu'il change lentement de position par rapport à la sphère des étoiles, l'axe de la Terre pointe au fil du temps d'une constellation à une autre. La Grande Année se trouve ainsi divisée en douze « mois » d'environ 2 160 ans chacun, auxquels correspondent tous les signes du zodiaque stellaire, Cancer, Gémeaux, Balance, etc.

Les trois derniers signes furent le Taureau, le Bélier et les Poissons. Et ces signes ont trouvé d'étranges échos dans l'histoire de l'humanité, chacun symbolisant une religion nouvelle, ou tout au moins une représentation différente du monde.

Le Taureau fut le dieu privilégié des civilisations anciennes, notamment indo-méditerranéennes. Les dieux védiques Indra et Shiva sont assimilés à un taureau, de même qu'Osiris et Apis chez les Égyptiens. Qu'il prenne encore le nom d'El ou d'Enlil pour les Babyloniens, le taureau représente la force créatrice et la fécondité, le principe de vie qui exige à l'occasion des sacrifices, à l'instar du célèbre Minotaure crétois.

Le Bélier couvre quant à lui toute la période hébraïque. On retrouve partout sa figure dans l'Ancien Testament. Lorsque Moïse s'insurge contre le Veau d'Or, c'est avant tout au symbole d'une religion passée qu'il s'en prend. C'est le culte d'El qui se voit ainsi proscrit. Il s'agit d'enchaîner le Minotaure, c'est-à-dire de dompter nos appétits et de résister à l'enivrement des enchantements dionysiaques. Le Bélier conserve l'ardeur du taureau, mais il lui allie la générosité et l'idéal de justice.

Quelque deux mille ans plus tard, l'ère des Poissons s'ouvrait par la naissance du Christ. Si celui-ci est souvent identifié à l'agneau, c'est pour marquer sa filiation avec le Bélier, mais on sait que le poisson fut l'idéogramme « mot de passe » des premiers chrétiens persécutés. Jésus n'est-il pas entré dans Jérusalem par la Porte des Poissons ? De la pêche miraculeuse à la multiplication des poissons, ce symbolisme est constant dans le Nouveau Testament. Le mot grec *Ichthus,* signifiant poisson, correspond d'ailleurs aux initiales de *Iesu Khristos Theou Uios Sôter,* qui se traduit par « Jésus-Christ, Fils de Dieu, Sauveur ».

Selon les astronomes, notre entrée dans la constellation des Poissons date environ de 150 avant Jésus-Christ. En nous basant sur une durée moyenne de 2 160 ans, le passage dans l'ère du Verseau – le prochain signe « pointé » par l'axe de la Terre – devrait donc se faire aux alentours de 2010. Après deux millénaires d'ère chrétienne, nous allons connaître une nouvelle transformation morale et religieuse...

Est-il utile de préciser qu'une telle mutation spirituelle ne se fait pas du jour au lendemain ? Vous n'allez pas vous éveiller un beau matin pour trouver un monde nouveau et une religion différente à votre porte. Le passage s'effectue parfois sur des siècles, les symboles se prolongent d'un cycle à l'autre, les usages changent progressivement, avant de tomber en désuétude et de disparaître. Nous sommes depuis quelque temps déjà dans une période de transition : les troubles divers qui agitent notre planète et la crise morale qui nous frappe sont les signes de cette évolution. Une évolution qui pourrait ne pas s'effectuer en douceur...

En soi, le passage d'une ère à l'autre, d'un « mois » précessionnel à un autre ne constitue pourtant pas un danger planétaire. Nous verrons même qu'il peut constituer une chance pour l'humanité, si toutefois celle-ci accepte ce mouvement au lieu de le freiner, et qu'elle ne s'obstine pas dans l'erreur et l'apostasie...

Si aujourd'hui je considère qu'il y a une menace réelle, c'est que cette conversion zodiacale se voit doublée d'une césure plus dramatique encore, d'une véritable révolution cyclique que confirment toutes les traditions anciennes, avec une concordance frappante.

En effet, toutes ces traditions divisent la grande histoire de l'humanité en quatre « âges » d'inégales longueurs, – bien que déterminées mathématiquement par l'année précessionnelle – et dont la succession décrit une lente descente de la lumière vers les ténèbres.

Le premier de ces âges, que les Grecs appellent l'Âge d'Or et les Hindous le Krita-Yuga, est le plus long puisqu'il dure une Grande Année entière, soit 25 920 ans environ. Âge glorieux de la communion avec le Divin, il s'étend pour nous autres chrétiens de la Création adamique jusqu'à la Chute et l'involution dans la chair.

Le deuxième âge est l'Âge d'Argent ou, pour les Hindous, le Treta-Yuga. Il correspond aux trois quarts d'une Grande Année, soit environ 19 440 ans, et montre déjà une certaine décadence, un passage de l'amour divin au devoir. Il est suivi par l'Âge d'Airain ou Dwapara-Yuga, qui s'étend sur une demi-année précessionnelle et qui est placé sous le signe des passions. Ces deux cycles couvrent en gros nos préhistoire et protohistoire.

L'Âge d'Airain nous conduit jusqu'aux portes de l'Antiquité, à la naissance de cet Âge de Fer qui regroupe les trois « mois » précessionnels que nous venons d'évoquer, placés sous les signes du Taureau, du Bélier et des Poissons. Ce cycle de 6 480 ans, c'est le fameux Kali-Yuga des Hindous.

Ce dernier cycle, toutes les traditions le décrivent comme un âge de violence et de ténèbres grandissantes. Pour Hermès Trismégiste (*Corpus Hermeticum*), c'est une époque où « *nul ne lèvera plus ses regards vers le ciel ; l'homme pieux sera tenu pour fou, l'impie pour sage... L'âme et toutes les croyances qui s'y rattachent, selon lesquelles l'âme est immortelle par nature, on ne fera qu'en rire... Les dieux se sépareront des hommes : divorce déplorable !* »

Pour les Grecs, et pour Hésiode dans *les Travaux et les Jours,* durant l'Âge de Fer, « *l'hôte ne sera plus cher à son hôte, l'ami à son ami, le frère à son frère. À leurs parents, sitôt qu'ils vieilliront, ils ne montreront que mépris. Aux vieillards qui les ont nourris, ils refuseront les aliments. Nul prix ne s'attachera au serment tenu, au juste, au bien. Le seul droit sera la force. Aux pas de tous les humains s'attachera la jalousie, de tristes souffrances seront le lot des mortels : contre le Mal il ne sera point de recours.* »

Nous nous trouvons aujourd'hui à la pointe extrême du Kali-Yuga, que le *Linga Purana*, épopée religieuse de l'hindouisme, rédigée vers le Vᵉ siècle avant J.-C., décrit comme suit : « *L'indifférence, la maladie, la faim, la peur se propagent. On assistera à de graves sécheresses. Les différentes régions du monde entreront en conflit les unes avec les autres. Les textes sacrés ne seront plus respectés. Les hommes seront sans morale, irritables et sectaires. Les fausses doctrines et les écrits trompeurs se répandront.*

Le nombre des princes et des agriculteurs déclinera progressivement. La plupart des nouveaux chefs sera d'origine ouvrière.

On tuera les fœtus dans le ventre de leur mère. Des voleurs deviendront rois, les rois seront des voleurs. Nombreuses seront les femmes qui auront des rapports avec plusieurs hommes.

La terre produira beaucoup dans certains lieux et trop peu dans d'autres. Les dirigeants confisqueront la propriété et en feront un mauvais usage.

Il y aura beaucoup de personnes déplacées, errant d'un pays à l'autre.

Les hommes de bien renonceront à jouer un rôle actif.

De la nourriture déjà cuite sera mise en vente. Les livres sacrés seront vendus à tous les coins de rue. Les jeunes filles feront commerce de leur virginité. Le dieu des nuages sera incohérent dans la distribution des pluies. Il y aura beaucoup de mendiants et de sans-travail. On ne pourra se fier à personne.

La dégradation des vertus et la censure des puritains hypocrites caractériseront la période de la fin du Kali-Yuga. La richesse et les moissons diminueront. Des groupes de bandits s'organiseront dans les villes et les campagnes. L'eau manquera et les fruits seront peu abondants.

Beaucoup d'individus seront perfides, lubriques et vils. Ils porteront les cheveux en désordre. Des aventuriers prendront l'apparence de moines avec la tête rasée et des vêtements orangés.

Des gens affligés par la faim et la peur se réfugieront dans des abris souterrains.

Des gens non qualifiés passeront pour des experts en matière de morale et de religion. »

Ne reconnaît-on pas à travers tous ces textes la description exacte – et affligeante – de notre monde contemporain ? Le texte hindou annonce ensuite une guerre terrible qui réduira les hommes à l'état de pauvres hères affamés, malades et désespérés. « *C'est alors que quelques-uns commenceront à réfléchir...* »

S'il me vient aujourd'hui le désir ou même le besoin impérieux de tirer la sonnette d'alarme, ce n'est donc pas seulement parce que le troisième millénaire approche à grands pas. Fondées sur les grandes révolutions sidérales, les cyclologies anciennes nous indiquent que le monde est parvenu à une charnière capitale.

Ma vision personnelle du monde et de l'évolution humaine va dans le même sens. On se souvient que lors de mon voyage astral, les Vingt-Quatre Vieillards m'avaient fait comprendre que je me trouvais dans le Septième Plan Vibratoire, qui est celui de la fusion avec le Tout. Toutes mes méditations ultérieures m'ont convaincu, en effet, que l'histoire de l'homme et de ses incarnations se déclinait en une hiérarchie de plans successifs, selon la distance ou l'étroitesse de ses rapports avec le divin. Ainsi, le premier plan est celui des lémures et des humanoïdes, à peine sortis du règne animal. Le second plan est celui des hommes cavernicoles, qui se distinguent par la station debout et l'usage du feu et des outils. Le troisième constitue notre état actuel, celui de l'homme incarné, retenu par son enveloppe de chair, mais aspirant au divin. Actuellement, la Création entière voudrait s'élever vers le Quatrième Plan Vibratoire, qui sera marqué par une prépondérance de la spiritualité. Pour prendre une autre terminologie, nous assistons aux derniers jours de l'*Homo sapiens.* Ensuite viendra le règne attendu de l'*Homo spiritualis.* À moins que l'*Homo destructor* ne vienne l'empêcher !

Accession à un Plan Vibratoire supérieur, avènement de l'*Homo spiritualis* ou retour cyclique d'un nouvel âge d'or... Passé les tribulations de l'Apocalypse, l'avenir lointain de l'homme s'annonce en somme radieux. Rappelons ici qu'apocalypse ne signifie nullement destruction, comme l'acception commune pourrait nous le faire croire, mais Révélation. C'est le dévoilement du message divin et du sort lointain réservé à l'humanité.

Mais pour être dignes de recevoir ces secrets, il nous faudra passer par de terribles épreuves. Il faudra que périsse cette civilisation qui s'est détournée de la face de Dieu pour n'être plus qu'un froid système. Son anéantissement est peut-être le passage obligé de notre renaissance et de notre purification spirituelle. Dans l'Apocalypse de saint Jean, il est dit qu'il faudra que de nombreux fléaux, de la guerre à la famine, s'abattent sur l'humanité pour qu'apparaisse enfin la Jérusalem nouvelle...

Pourrons-nous échapper à ces calamités, alors que l'ensemble des prophéties nous les prédisent ? Tous les textes sacrés parlent de ce Jour de la Colère divine où le ciel se retirera comme un livre qu'on roule, où l'Éternel fera le deuil et la solitude sur terre... Je parle bien sûr de la prophétie apocalyptique de saint Jean mais également de celles d'Ézéchiel, d'Isaïe et de Daniel, ou encore du Livre d'Énoch, des Jubilées, de l'Apocalypse syriaque de Baruch...

À côté de ces textes religieux, on trouve toutes les prophéties que nous dirons « privées », c'est-à-dire celles émises par des voyants, des devins ou des êtres « inspirés » qui ont vu s'imposer à eux des images annonciatrices de notre avenir. Je pense à Nostradamus, évidemment, mais aussi à

Joachim de Flore, saint Césaire, saint Malachie ou Jean de Vatiguerro, et d'autres... Il y a encore les prophéties mariales et les textes anonymes comme l'importante prophétie de Prémol ou celle d'Orval... Celui qui veut supputer sur les échéances de notre destinée ne manquera pas de matière. Comme beaucoup avant lui, il se verra alors contraint d'admettre que la concordance de tous ces textes leur donne un poids troublant.

On m'objectera cependant qu'il ne faut pas prendre ces textes prophétiques pour argent comptant. La meilleure raison de cette défiance, me dit-on, c'est que nombre de ces prédictions ne se sont jamais réalisées. On sait par exemple que plusieurs prédicateurs, s'appuyant sur le Chiffre de la Bête donné dans l'Apocalypse de saint Jean (soit 666), avaient prédit la fin du monde pour 1666... Certes, les Londoniens, victimes cette année-là d'un gigantesque incendie, durent croire leur dernier jour arrivé, mais on peut difficilement donner une dimension apocalyptique à ce drame. On pourrait multiplier les exemples dans ce domaine, rappeler entre autres que William Miller, fondateur de l'Église adventiste, avait annoncé à grand fracas le Jugement Dernier pour mai 1843. Comme rien ne se passa, il claironna alors la date de mars 1844, puis d'octobre 1844. Toujours rien. Curieusement, ces rendez-vous manqués ne découragèrent pas les fidèles de Miller...

De nombreuses supercheries ont pu également être démasquées. Ce sont ce que j'appellerai des prophéties *a posteriori*. Il est facile, en 1830 par exemple, de produire une prophétie prétendument datée du XVIe siècle, découverte dans la bibliothèque de quelque couvent, et qui aurait annoncé l'épopée napoléonienne en des termes indubitables (et pour cause). L'histoire de la prophétie est jalonnée de ces mystifications.

Certains voyants en furent même victimes malgré eux. Il semble bien par exemple qu'une poignée de quatrains apocryphes ait été ajoutée après coup aux fameuses Centuries de Nostradamus. Ainsi celui qui dépeignait clairement Napoléon Ier :

D'Arcole et de Lodi en pays italique
Au temps futur les coqs l'aigle repousseront
Tudesqs, Hongrois, Lombards, armée germanique
Devant Gaulois vainqueurs bagages plieront.

Il est facile de « pronostiquer » un événement après les faits. Toutefois, ces manipulations vulgaires ne doivent pas ternir l'éclat fulgurant et l'authenticité des prédictions de Nostradamus. Ainsi dans la première édition de son livre, soit en 1555, le devin écrivait (Première Centurie, 35e quatrain) :

Le lyon jeune le vieux surmontera
En champ bellique, par singulier duelle,
Dans cage d'or les yeux lui crèvera,
Deux classes une, puis mourir, mort cruelle.

Quelques années plus tard, le 1er juillet 1559 exactement, le roi Henri II affronta le jeune comte de Montgomery lors d'un tournoi. Il portait pour l'occasion un blason représentant un lion. La lance de son adversaire se brisa et un long éclat de bois perfora le casque royal. L'œil crevé, le crâne transpercé, Henri II devait mourir au terme de plusieurs jours d'atroces souffrances.

Je crois pour ma part qu'il faut savoir trier le bon grain de l'ivraie. La Bible elle-même nous incite à la plus grande vigilance à l'égard de ceux qui s'autoproclament prophètes alors que Dieu n'a mis aucun mot dans leur bouche. Mais gardons-nous pour autant de rejeter en bloc ces projections vers l'avenir. Parce que quelques imposteurs se sont glissés parmi les vrais prophètes, ne refusons pas de prêter l'oreille à ce qui nous est indiqué. « *Ils n'ont pas écouté,* dit la Bible, *ils narguaient les messagers de Dieu, méprisaient leur parole et raillaient leurs prophéties.* » À douter de tout on finit par ne croire en rien, et l'incrédulité devient vite un aveuglement coupable.

On sait par exemple que, pendant la montée du nazisme en Allemagne, de nombreux Juifs n'avaient pas voulu croire que leur vie était en danger, en dépit de tous les avertissements. Peut-être auraient-ils dû lire plus attentivement le livre de Jérémie, qui était aussi, il est vrai, une promesse d'espoir : « *Le peuple juif sera châtié comme aucun peuple ne le sera. Après les massacres et les déportations au cours des siècles, le Seigneur ramènera les Juifs de l'Aquilon, des extrémités du monde, en pleurant de joie, traversant les mers par les chemins les plus rapides. Écoutez la parole du Seigneur, Nations, et annoncez aux îles éloignées : Celui qui a dispersé Israël les rassemblera.* » Pouvait-on annoncer en termes plus clairs les camps de la mort, la renaissance de l'État d'Israël et le retour massif des Juifs en Terre sainte ?

Ne pas accorder foi aux prophéties, ce serait donc se condamner à répudier une part importante de la Bible et du message de la divinité, puisque, aussi bien, les grands prophètes sont ses porte-parole.

Quant aux prédictions « privées », ne pouvons-nous également y puiser quelques vérités ? Les grands voyants ne cherchent pas à savoir ni à convaincre, ils ne font que transmettre une parole, une certitude qui s'est imposée à eux. Et qu'on refuse ou non à leurs prémonitions le qualificatif d'« inspirées », l'honnêteté et la confrontation nous poussent à dire qu'elles se sont souvent révélées justes, même si l'on n'en comprend pas le « mécanisme ».

On admet volontiers qu'une personne puisse « ressentir » la mort d'un être alors qu'elle se trouve séparée de lui par des milliers de kilomètres. Ce sont là des phénomènes de transmission de pensée sur lesquels la science se penche aujourd'hui avec attention. L'Histoire nous rapporte quantité d'anecdotes à ce sujet. Ainsi en l'an 96, à Éphèse, le philosophe Apollonios de Tyane discourait un jour devant un petit groupe lorsqu'il s'interrompit soudain, comme saisi de stupeur. Puis il se mit à frapper plusieurs fois le sol de son bâton avant d'annoncer à son auditoire :

– Réjouissez-vous, car le tyran est mort.

On ne comprit pas tout d'abord. On crut à une lubie. Mais on apprit ensuite qu'au même moment, à Rome, un affranchi du nom de Vespasius venait de frapper d'un coup mortel le cruel tyran Domitien.

Si les prémonitions peuvent vaincre de cette façon l'espace, pourquoi ne vaincraient-elles pas aussi le temps ? Le fait est plus rare mais avéré. Certains voyants, dotés de pouvoirs paranormaux, sont sujets à des « visions » qui les informent subitement sur le passé d'un inconnu rencontré au hasard. Ils sont alors capables de retracer des faits qui ont marqué le passé de cet être. Ou de prédire des événements qui vont affecter sa vie future...

On connaît peut-être l'anecdote suivante, relative à Nostradamus. Lors d'un voyage en Italie, celui-ci croisa un jour un groupe de jeunes et modestes cordeliers. Soudain, mû par une impulsion que lui-même n'aurait pu expliquer, il posa un genou à terre devant un des moines et se mit à baiser sa robe. Ses camarades, interloqués par ce geste incompréhensible, éclatèrent de rire.

– Que fais-tu donc là ? demandèrent-ils à Nostradamus.

– Je dois me soumettre et ployer le genou devant Sa Sainteté, répondit le célèbre devin.

Bien des années plus tard, les cordeliers durent certainement se souvenir de cette scène : le jeune moine devant lequel Nostradamus s'était agenouillé n'était autre que Felice Peretti, qui devint cardinal de Montalte, puis pape en 1585 sous le nom de Sixte Quint...

D'autres voyants semblent capables de « prévoir » la destinée de tout un groupe humain. À l'aéroport de Cincinnati, on n'a sans doute pas oublié les appels téléphoniques réitérés d'un certain David Booth qui annonçait, en mai 1979 :

– Depuis plusieurs jours, je vois en rêve une catastrophe aérienne qui va se produire très prochainement.

On l'a envoyé promener, en riant bien fort des cauchemars de ce maniaque. Seulement, le lendemain de son dernier rappel, le vol 191 des American Airlines s'écrasait peu après le décollage. Il n'y eut aucun survivant.

La science-fiction nous fournit également des exemples de prémonitions fascinantes. Après le naufrage du *Titanic* en 1912, on se souvint d'un livre passé inaperçu lors de sa parution en 1898. Écrit par un certain Morgan Robertson, *le Naufrage du Titan* était l'histoire d'un paquebot géant qui heurtait un iceberg et sombrait lors de sa première traversée de l'Atlantique ! Les coïncidences avec la réalité étaient extraordinaires : le *Titan* et le *Titanic* avaient le même tonnage, la même vitesse de croisière, le même nombre d'hélices et de passagers. Jusqu'au mois du naufrage et au nom du capitaine qui correspondaient exactement ! Alors ?

On a pu remarquer aussi que de nombreux détails du livre de Jules Verne, *De la Terre à la Lune,* écrit en 1865, coïncident avec le déroulement de la véritable conquête spatiale, réalisée un siècle plus tard. L'emplacement de la rampe de lancement en Floride, le nombre des astronautes, l'amerrissage dans le Pacifique : tout y est. Même les noms des voyageurs entretiennent – pour deux d'entre eux – d'étranges similitudes : Ardans et Nicholl chez Jules Verne, Aldrin et Collins dans la réalité...

Point n'est besoin d'être romancier, d'ailleurs, pour imaginer les intrigues du futur. En Angleterre, on connaît bien la Mère Simpson, cette prophétesse née en 1488 dans le Yorkshire, dont on dit qu'elle avait un corps et une figure hideux, mais une intelligence d'une stupéfiante clairvoyance. Or que disait cette femme, à la fin du XVe siècle ?

Les voitures iront sans chevaux
Les accidents désoleront le monde
Les pensées voleront autour de la Terre
Durant le temps d'un seul clin d'œil.
Le monde sera renversé.
On trouvera l'or au pied d'un arbre ;
L'homme passera au travers des montagnes
Sans qu'il ait besoin de cheval
Et il ira aussi sous l'eau,

Marchant, dormant et conversant.
On le rencontrera dans l'air
Vêtu de blanc, de noir, de vert.
Sur les eaux le fer flottera
Aussi bien qu'un bateau de bois.
Beaucoup d'or sera mis à nu
En pays encore inconnu.
Le feu et l'eau feront miracle.
Tous les fils d'Angleterre qui labourent la terre
Souvent on verra un livre à la main.
Le pauvre, alors, saura beaucoup de choses,
Et l'eau coulera où pousse le blé
Dans les vallées lointaines.

Peut-on être plus clair ? Nul besoin d'interprétation fantaisiste pour voir annoncées dans ces quelques vers les grandes découvertes des XIXe et XXe siècles, de l'automobile à la télécommunication en passant par les sous-marins et jusqu'à l'énergie nucléaire...

Et que penser de cette inscription gravée au XVe siècle également, toujours en Angleterre, sur une stèle du cimetière de Kirby ?

Quand les images paraîtront vivantes et seront
[animées par leurs propres mouvements,
Quand les bateaux voyageront sous les ondes de
[la mer comme les poissons,
Quand les hommes dépassant les oiseaux auront
[escaladé le Ciel,
Alors la moitié du Monde s'engouffrera dans le
[sang.

Je crains qu'on ne voie dans ce long développement un moyen d'accréditer le fait que je puisse à mon tour me présenter comme un devin. Que l'on se rassure, je n'ai aucune prétention de cette nature ! Je ne suis qu'un lecteur passionné, doublé d'un témoin de notre temps : je m'efforce d'être constamment attentif à ce qui se passe ici-bas et d'y déceler l'écho d'avertissements anciens.

Là où les informations médiatiques nous présentent l'image d'un monde morcelé, où les reportages nous font passer d'un pays et d'un sujet à un autre, je vois des signes qui forment une cohérence. La montée des fanatismes, les conflits ethniques, la violence de la vie urbaine, la pollution des fleuves, la famine qui touche de nombreux pays africains ne m'apparaissent pas comme des faits isolés : ils dessinent une trame de plus en plus précise, un tout dont nous sommes chacun partie prenante. Si la catastrophe est proche, pourquoi au moins ne pas essayer d'y voir clair ? La lucidité n'est-elle pas le meilleur garant de toute action positive ?

Mais le fait que je veuille témoigner ici des inquiétudes qui m'assaillent désormais – de façon quasi permanente – n'implique absolument pas que je m'érige en prophète ! Je ne fais que me plier à ce sentiment d'urgence qui m'anime, jusqu'à la révolte parfois. Comment pourrait-on me reprocher de donner voix à mes craintes ? Si elles se révèlent infondées, j'en serai le premier heureux. « *Malheur à ceux qui désirent le Jour de Yahvé, car il est ténèbres et non lumière* », nous dit Amos dans l'Ancien Testament (chapitre 5, verset 20). Mon souhait le plus cher, c'est d'être démenti. Mais dans le cas contraire, je n'aurai pas à me repentir d'être resté silencieux face aux événements.

Que l'on ne dise pas non plus que je fais le jeu d'on ne sait quelle secte. Je supplie ceux qui liront ces lignes d'exercer à chaque instant leur jugement critique. Je m'élève avant tout contre les préjugés, ces œillères qui nous empêchent de voir la réalité en face. Et en fait de secte, je n'appartiens qu'à une seule, qui m'est par ailleurs indispensable : la Chambre syndicale de la haute couture...

Certains pourront sourire en lisant ce qui va suivre, ils pourront douter de tout ce que j'avance et refuser d'entrer dans ce jeu de Cassandre.

Ou bien ils me feront remarquer que les prophéties auxquelles je me réfère manient habilement l'équivoque. On cite souvent à ce sujet l'histoire de Crésus qui voulait partir en guerre contre les Perses. Pour juger de ses chances de succès, il alla consulter l'oracle de Delphes qui lui répondit : « Un grand empire sera détruit. » Sûr de sa victoire, Crésus mena bataille. Il subit une lourde défaite et fut même capturé. Un empire avait bien été détruit, mais ce n'était pas celui qu'il croyait...

Nombre de prophètes s'expriment ainsi dans un langage ambigu autant qu'imagé, qu'il faut savoir déchiffrer sans se perdre dans la forêt de symboles. Mais pour ce qui est de l'équivoque, elle n'a plus guère de place dans les interprétations qu'on peut faire aujourd'hui. Cet « empire », ce monde dont on annonce la destruction, c'est bien le nôtre, c'est la planète Terre.

On peut enfin me rétorquer qu'à chaque époque, il s'est trouvé quelqu'un pour annoncer que le moment était critique et que le monde n'avait plus que quelques années à vivre. Les exégètes fantaisistes des prophéties ont dû sans cesse rectifier le tir et repousser l'échéance fatidique.

Il y a cependant une différence de taille, ces temps-ci. En effet, pour la première fois dans l'histoire de l'humanité, les avertissements prophétiques et les signes annonciateurs de l'Apocalypse n'apparaissent plus comme de vulgaires inventions de la science-fiction ou d'un esprit illuminé : ils constituent notre réalité quotidienne.

Et les premiers à sonner le tocsin à toute volée, ce ne sont pas quelques lunatiques au cerveau dérangé, mais bien nos plus éminents scientifiques...

Un temps viendra où les hommes ne regarderont plus le monde comme le digne objet de leur admiration et de leur révérence.

HERMÈS TRISMÉGISTE

CHAPITRE DEUXIÈME

QUAND LES SCIENTIFIQUES REJOIGNENT LES INITIÉS

« *Il ne nous reste plus qu'une ou deux décennies pour pouvoir lutter contre les menaces actuelles et la perspective d'une humanité immensément diminuée.* »

Quel visionnaire exalté a pu jeter à la face du monde une prophétie aussi alarmiste ? Quel oiseau de malheur a osé prédire une déchéance à si court terme ?

Malheureusement pour notre tranquillité d'esprit, cette sentence n'est pas sortie de la bouche d'un prédicateur atrabilaire en mal de publicité. Elle est extraite de *l'Appel de Washington,* un texte rédigé et signé tout récemment, en 1992, par mille cinq cents savants de renommée internationale, parmi lesquels une centaine de lauréats du prix Nobel...

On le voit, on est loin d'une réunion d'hurluberlus. Sans cesse au chevet de notre Terre malade, ces gens-là n'ignorent rien de son état. Difficile pour les incrédules et les optimistes béats de rejeter comme infondées des craintes reposant sur un rapport statistique et empirique de la situation présente.

Cependant, l'honnêteté me pousse à préciser que tous les scientifiques n'ont pas ratifié les conclusions de cet Appel de Washington. Certains, en effet, dans leur grande générosité, vont jusqu'à nous accorder un sursis de cinquante ans, voire d'un siècle...

Mais au rythme actuel de l'exploitation forcenée de la planète, tous sont extrêmement pessimistes sur nos chances de survie. Cette inquiétude semble d'ailleurs avoir quelque difficulté à secouer l'indifférence générale, en dépit de toutes les mises en garde. Si l'humanité et ses dirigeants ne prennent pas rapidement conscience de l'urgence de la situation, les scientifiques nous disent en somme qu'ils ne répondent plus de rien... Et certains redoutent que nous ayons déjà atteint le point de non-retour.

Car les menaces qui pèsent sur notre Planète Bleue sont si multiples qu'on ne sait plus laquelle traiter en priorité. Pourtant, nombre d'entre elles si ce n'est toutes – ont été annoncées depuis des siècles et même des millénaires ! Mais nous avons fait la sourde oreille, nous n'avons pas voulu ouvrir les yeux. Et le plus inquiétant à mon sens, c'est qu'en connaissance de cause nous ne faisons toujours rien, ou si peu, pour remédier à ce sort terrible que nous nous préparons. Serait-il trop tard pour enrayer l'extraordinaire accélération des périls ?

Car partout, je vois que nous sommes entrés dans les « Temps réduits », les temps où tout se précipite. Est-ce un hasard si l'année 1991 a connu un nombre de catastrophes sans précédent jusqu'alors ? Ce n'est pas moi qui l'affirme, mais un rapport du Centre de documentation et d'information de l'assurance : on compte plus d'une centaine d'inondations, d'ouragans, d'éruptions volcaniques et autres tremblements de terre. À cela viennent s'ajouter cinquante gros incendies, autant de collisions terrestres d'importance, quarante-quatre naufrages, vingt-huit catastrophes aériennes... Jamais le monde n'avait eu à payer pareil tribut écologique et humain. Et l'année 1992 n'a pas été plus clémente, loin s'en faut.

Encore ne s'agit-il selon moi que de simples « avertissements », si meurtriers soient-ils. Ce que nous laissent présager les spécialistes de la biosphère est d'ailleurs autrement plus alarmant... Or l'ironie veut qu'ils ne fassent que transcrire en données chiffrées ce que les prophètes ont clamé depuis des siècles et des siècles.

Souvenons-nous de la phrase terrible de saint Jean, parlant de l'Apocalypse future : « *Le temps est venu de juger les morts, et de détruire ceux qui détruisent la Terre...* »

La première menace dont je veux faire ici état serait la plus hypothétique si une découverte récente ne lui avait donné soudain une nouvelle potentialité. En 1989, trois astronomes français ont en effet découvert dans la lunette de leur télescope de l'observatoire de la Côte d'Azur un astéroïde de grande taille qui se dirigeait vers la Terre ! Cet objet astral, ils lui ont donné le nom de Toutatis, sans doute pour faire écho à la vieille terreur de nos ancêtres les Gaulois dont on dit qu'ils ne craignaient rien, sinon que le ciel leur tombe sur la tête.

Cette terreur va-t-elle trouver sa justification ? Impossible, me direz-vous... Pourtant, un tel phénomène ne serait pas sans précédent. Déjà, en mars 1989, nous l'avons échappé belle puisque un astéroïde de taille moyenne – environ trois cents mètres de diamètre – et baptisé 1989 FC, est passé à environ 700 000 kilomètres de notre planète, soit deux fois la distance de la Terre à la Lune. Pas de quoi s'affoler, me rétorquera-t-on. Certes la distance paraît plus que raisonnable : elle fut suffisante en tout cas pour nous éviter toute répercussion désagréable. Mais à l'échelle cosmique, on peut dire que le boulet est passé près. En cas de collision avec la Terre, 1989 FC aurait pu creuser un cratère de cinq cents mètres de profondeur sur quinze kilomètres de diamètre et créer une onde de choc capable d'effacer toute trace de vie sur une surface équivalant à l'Ile-de-France.

Il se trouve que notre système solaire fourmille de ces astéroïdes et autres comètes. Actuellement, on estime qu'une centaine d'entre eux, de grosseurs diverses, décrivent une orbite qui coupe celle de la Terre. Et les progrès de l'astronomie nous en font régulièrement découvrir de nouveaux. Heureusement pour nous, notre planète s'est munie d'un dispositif de protection efficace : les météorites qui s'approchent de trop près sont freinées et finalement désintégrées par les couches denses de notre atmosphère. Elles retombent alors sous forme de particules ou éventuellement de cailloux inoffensifs.

Mais cette protection n'est pas toujours suffisante. Le cas s'est d'ailleurs déjà produit. Inutile pour l'évoquer de remonter aux calendes grecques : en 1908, une météorite de taille heureusement réduite est tombée en Sibérie, près de Tougounska. Les voyageurs du transsibérien ont vu une grosse boule de feu traverser le ciel. Sur son passage, elle a dévasté la taïga sur des dizaines et des dizaines de kilomètres, cassant les arbres comme des allumettes. La météorite s'est désintégrée avant de toucher terre, mais l'explosion a fait trembler le sol, tandis qu'un souffle puissant renversait les huttes des Toungouses tout en brisant portes et fenêtres à soixante kilomètres à la ronde. Les habitants ont cru que venait de se réaliser un vieux mythe sibérien racontant que la Terre serait anéantie par un déluge de feu... Par « chance », cette météorite était tombée dans une zone peu peuplée. Imaginons la catastrophe qu'elle aurait pu causer en survolant une métropole !

Or, répétons-le, il s'agissait d'une météorite de petite taille. Les scientifiques se sont efforcés d'estimer les dégâts qu'occasionnerait un corps céleste d'une masse de mille milliards de tonnes, soit l'équivalent de – seulement – un cube de dix kilomètres de côté. L'énergie dégagée lors de la collision élèverait la température de l'atmosphère jusqu'à deux cents degrés. Le choc produit par l'impact donnerait lieu à des séismes titanesques. Si la météorite tombe dans la mer, nous ne serons pas mieux lotis pour autant. D'énormes raz de marée submergeront les terres sous une vague haute comme la tour Eiffel, et qui emportera tout sur son passage. Les plaques tectoniques s'entrechoqueront, engloutissant des continents, les failles s'ouvriront, béantes, et tous les volcans se réveilleront, crachant des flots de lave.

Certes, un tel cataclysme reste peu probable. Selon les astronomes, son éventualité est très faible. Il n'en demeure pas moins qu'il pourrait survenir demain... Il est encore possible de déceler sur Terre, quand l'érosion ne les a pas totalement effacés, les vestiges de vastes cratères causés par des météorites anciennes. Ainsi, au Mexique, un de ces cratères atteint presque deux cents kilomètres de diamètre ! Les géologues estiment qu'il se serait formé il y a quelque soixante-cinq millions d'années, une date troublante car elle correspond à la disparition des dinosaures... Ceux qui auraient survécu au cataclysme lui-même auraient succombé au refroidissement consécutif de la planète. En effet, le choc aurait provoqué la pulvérisation d'énormes masses rocheuses dans la stratosphère. Cette poussière se serait répandue et aurait formé dans les cieux une couche épaisse ne laissant plus passer les rayons du soleil et faisant chuter la température de notre globe terrestre. De nombreuses espèces animales, mais aussi végétales, auraient ainsi été rayées de la carte. L'ère des dinosaures était terminée. Un cycle se finissait, un autre allait voir le jour. En géologie, cette période correspond à la transition crétacé-tertiaire...

On le voit, il suffirait d'une météorite d'un kilomètre de diamètre pour causer non pas l'explosion définitive de la Terre mais une catastrophe ressentie à l'échelle du globe. La collision ferait remonter très haut dans le ciel un immense geyser de dizaines de milliers de fragments rocheux, qui retomberaient ensuite à très grande vitesse. Cette pluie incandescente pourrait entraîner la mort de milliards d'individus, ainsi que la destruction des habitations et la disparition de la végétation et des récoltes. N'est-ce pas à un phénomène de ce type que Nostradamus fait allusion lorsqu'il écrit dans la préface de ses Prophéties : « *Le feu mélangé aux pierres tombera dans des quantités telles que l'on ne pourra rester à aucun endroit si l'on ne veut pas être assommé* » ?

La chute d'une météorite n'est-elle pas annoncée également dans le chapitre VII, versets 8 à 11, de l'Apocalypse de saint Jean ? « *Alors une énorme masse embrasée, comme une montagne, fut projetée dans la mer, et le tiers de la mer devint du sang.* » Ou, un peu plus loin : « Il y eut un grand tremblement de terre, le soleil devint noir comme un sac de poix, et la lune tout entière devint comme du sang. Et les étoiles tombèrent sur la terre comme un figuier laisse tomber ses fruits verts lorsqu'il est secoué par un grand vent*. » Si les Cieux sont en colère, rien d'étonnant à ce que le châtiment vienne du ciel...

Toutatis, l'astéroïde récemment découvert, sera-t-il l'instrument du courroux céleste ? Au moment où j'écris ces lignes, j'apprends qu'il vient de passer à une distance correspondant à environ dix fois celle qui nous sépare de la Lune. Y aura-t-il un prochain passage ? Est-ce un rendez-vous manqué en forme d'avertissement ? Si ce n'est Toutatis, ce pourrait être son frère...

**L'emploi du passé simple est courant dans les prophéties sacrées. Il ne signifie pas que les événements ont eu lieu. Il s'agit de visions hors du temps, comme si, à l'échelle du monde, ces choses étaient déjà inscrites.*

Le Coran lui aussi fait allusion à semblable événement : « *Les cieux se fondront et tomberont en pièces... La terre et les montagnes emportées dans les airs seront d'un seul coup réduites en poussière.* » Ce nuage de poussière soulevé par l'impact d'un astéroïde et par le réveil de l'activité volcanique aux quatre coins de la planète occulterait vraisemblablement le Soleil pendant plusieurs jours. Verrons-nous alors ces fameux « Trois Jours de Yahvé », ces trois jours de ténèbres dont nous parle la Bible ?

On peut imaginer d'ailleurs un scénario différent conduisant à un résultat identique. Le bouleversement provoqué par un corps stellaire pourrait déplacer l'axe de la Terre. Nous lisons dans Isaïe (chapitre 2, verset 20) : « *La terre éclate en se brisant, la terre tombe en miettes, la terre vacille étrangement... La terre chancelle comme un homme ivre, elle est secouée comme une hutte, accablée par le poids de son iniquité.* » Ce changement d'axe pourrait contrarier ou annuler temporairement la rotation de la Terre face au soleil. Une moitié du globe se trouverait alors exposée aux rayons du Soleil pendant plusieurs jours, tandis que l'autre moitié serait plongée dans une obscurité absolue et glaciale. À nouveau les Trois Jours de Yahvé...

Bien évidemment, ce ne sont là que suppositions. Il n'y a aucune raison de s'alarmer... tant qu'une météorite ne s'approche pas trop près de nous. Les textes sacrés n'ont pas pour objet de nous effrayer mais de nous avertir et de nous inciter à la vigilance. Mais si le Cosmos le souhaite ainsi, notre route croisera à nouveau celle de Toutatis, ou d'un autre astéroïde, et le Ciel nous tombera sur la tête...

En attendant, gardons donc un œil sur les étoiles. Nous n'avons rien à perdre, bien au contraire, à tourner les yeux et notre âme vers le firmament.

Malheureusement pour nous, la Terre est exposée à des périls bien moins hypothétiques et autrement plus pressants que la chute d'une météorite. L'avantage, toutefois, c'est que nous avons plus d'influence sur eux que sur l'orbite d'une masse astrale...

La menace numéro un, celle sur laquelle tous les scientifiques s'accordent, c'est la surpopulation. Aucun domaine peut-être ne nous donne une meilleure idée de l'accélération subite et phénoménale du danger que nous encourons. Car l'explosion démographique est un fait récent, qui correspond en gros à l'ère des Poissons, l'ère de la multiplication. Pendant des millénaires, le nombre total des humains est resté extrêmement faible. À l'époque du Christ, on estime que la population mondiale était de l'ordre de deux cents millions d'êtres humains. En 1750, elle était encore de sept cents millions. Puis soudain, en cette fin de Kali-Yuga, c'est l'envol. L'ironie veut que cette explosion démographique soit en partie due aux bienfaits de la science, qui est enfin parvenue à réduire la mortalité infantile et à allonger l'espérance de vie. Nous sommes ainsi passés de 1,1 milliard en 1850 à 2,5 milliards au milieu du siècle suivant.

Puis la démographie devint galopante. En 1975, nous franchissions le seuil des quatre milliards, douze ans après celui des cinq milliards, et aujourd'hui, les dernières estimations avancent le chiffre de 5,6 milliards. Chaque jour, je dis bien chaque jour, naissent 220 000 bébés ! Deux par seconde... Le chiffre astronomique de dix milliards d'habitants sur Terre, hier encore du domaine de la pure fantasmagorie, est aujourd'hui couramment annoncé pour 2050 environ.

Lorsqu'on sait que la moitié de la population actuelle du globe vit au-dessous du seuil de la pauvreté, voire sans cesse menacée par la famine, on est en droit de se demander quel sort sera réservé à ce surplus de cinq milliards d'individus. Comment pourrons-nous subvenir à leurs besoins quand tant de gens aujourd'hui ont à peine de quoi survivre ? Le plus terrible à dire, c'est que la pauvreté actuelle d'une immense fraction de l'humanité est la seule raison de notre sursis : si l'ensemble de la planète vivait sur le même « train de mort » que les pays riches, en proie au démon d'un gaspillage effréné, nous pourrions d'ores et déjà mettre la clé sous la porte.

Souvenons-nous de cette phrase de l'épopée sanskrite, le *Mahabharata* (12e chant, 248, 13-17) qui, en regard de notre situation, résonne de façon terrible : « *L'anéantissement de l'espèce humaine aura lieu lorsque le Créateur ne trouvera plus d'autres remèdes qu'une destruction totale du monde pour mettre fin à la multiplication désastreuse et non prévue des êtres vivants.* »

Car si l'augmentation de la population se poursuit à un rythme effréné, celle de notre production alimentaire ne peut suivre le même mouvement. L'écart ne cesse de se creuser entre le nombre de bouches à nourrir et nos ressources. Aujourd'hui, la faim ne fait pas seulement de terribles ravages en Somalie : elle menace une grande partie des continents africain, mais aussi asiatique et sud-américain. Écoutons le voyant Jean de Vatiguerro qui, au début du XVIe siècle, dressa dans le *Liber Mirabilis* (le *Livre des Étonnements*) un tableau terrifiant des malheurs devant clore le XXe siècle : « *Il y aura une étonnante et cruelle famine qui sera si grande et telle par tout l'univers et surtout dans les régions de l'Occident que, depuis le commencement du monde, jamais on n'aura entendu parler d'une semblable.* » Une annonce à laquelle Nostradamus fera écho dans le 67e quatrain de sa Première Centurie :

La grand famine que je sens approcher,
Souvent tourner, puis être universelle,
Si grande et longue qu'on viendra arracher
Du bois racine et l'enfant de mamelle.

Comme nous le signalent ces deux voyants, l'Occident, où semble régner l'abondance, n'est pas à l'abri de la disette. Celle-ci pourrait résulter de ruptures dans la chaîne alimentaire, telles que nos atteintes à l'environnement sont en train d'en créer. Ou d'une contamination des terres après un conflit nucléaire...

Un moment, dans notre confiance aveugle en le « progrès », nous avons cru que la fameuse Révolution Verte allait résoudre tous les problèmes. Grâce à la science, on allait pouvoir augmenter de façon spectaculaire le rendement des cultures et nourrir ainsi tous les enfants de la Terre. On créa des espèces hybrides que l'on pouvait récolter jusqu'à trois fois par an. Ainsi espérait-on maintenir l'équilibre entre démographie et production alimentaire. Malheureusement, on sait aujourd'hui que ce rêve était utopique. La course poursuite semble bien perdue d'avance. Plus grave encore, cette Révolution Verte a fait courir des risques insensés à l'environnement à cause de l'usage intensif des engrais chimiques et des pesticides... Nombreuses sont les prophéties qui nous annoncent qu'un jour les arbres ne porteront plus de fruits et que la terre arable sera réduite à une fine pellicule improductive.

L'explosion démographique ne serait pas une catastrophe en soi si elle n'avait pour conséquence la destruction de notre environnement. La surpopulation entraîne en effet avec elle tout un cortège de désastres. Car il faut bien se loger, se nourrir... et consommer. Dans les pays sous-développés, le surpâturage entraîne la désertification ; et dans les pays riches, chaque jour, des dizaines de kilomètres carrés de terres cultivables sont perdues au détriment du béton.

L'esprit égaré par un appétit insatiable, nous épuisons à une vitesse croissante les ressources que la Terre avait mises à notre disposition. Nous dépensons sans compter, nous jetons par les fenêtres des énergies naturelles comme le pétrole ou le charbon, nous exploitons sans vergogne les richesses minières. « *La Terre ne sera respectée que pour ses seuls trésors minéraux* », nous dit le Vishnu Purana, texte hindou datant de plusieurs siècles avant J.-C...

Seulement, nous qui croyions ces réserves incommensurables, nous nous apercevons avec stupéfaction qu'on chiffre aujourd'hui l'extinction des ressources pétrolières en dizaines d'années ! Dans cinquante ans selon certains, quatre-vingts tout au plus selon d'autres, au rythme de notre consommation actuelle il n'y aura plus une goutte de pétrole. Et ce n'est qu'un exemple parmi d'autres. Notre planète n'est pas corvéable à l'infini. Un changement radical de nos comportements et de notre consommation s'impose donc comme une condition *sine qua non* de notre survie.

Pourtant, l'incurie des hommes continue d'infliger de terribles balafres à la Terre. Vue d'avion, celle-ci est aujourd'hui méconnaissable. La surpopulation, encore elle, stimule une accélération irréfléchie du processus de déforestation. Les arbres, ces arbres qui tentent de s'élever vers le Quatrième Plan Vibratoire dans un bruissement de feuilles argentées, sont abattus par millions d'hectares chaque année. Sait-on que l'Amérique du Nord s'enorgueillissait de quelque 3,2 millions de kilomètres carrés de forêts avant l'arrivée des Européens ? Aujourd'hui, il n'en reste plus que 0,2 million...

Quant aux forêts tropicales, sorte de ceinture de sécurité entourant le globe, leur mise en coupe réglée s'effectue à un rythme effarant. Celles de la Côte-d'Ivoire et du Nigeria ont pratiquement disparu. Il en sera de même pour toute la planète d'ici cinquante ans ! Quand on sait à quel point notre existence est tributaire de ces vastes étendues forestières, on peut s'interroger sur le sort de l'humanité. Ne mérite-t-elle pas d'être punie pour ce que d'aucuns appellent le « plus grand crime biologique jamais perpétré par l'homme » ? Souvenons-nous de l'imprécation d'Isaïe, au chapitre 33, verset 1: « *Malheur à toi, dévastateur ! Ne seras-tu pas dévasté ? Artisan de violences, n'essuieras-tu pas la violence ? Lorsque tu auras achevé tes ruines, tu seras ruiné.* » Des civilisations entières vont disparaître, des étendues immenses seront transformées en terrains broussailleux ou en déserts par le défrichement et la surexploitation agricole. Les arbres ne seront plus là pour transformer le gaz carbonique en oxygène. Sans leur action, l'atmosphère sera surchargée de ce gaz carbonique qui accentuera l'effet de serre, provoquant un réchauffement de la planète. Quand on sait qu'une augmentation d'un degré de la température du globe provoquerait l'inondation de pays tels que le Bangladesh, les Pays-Bas ou les atolls polynésiens, il y a de quoi frémir...

La déforestation met aussi en péril d'autres ressources vitales. D'innombrables espèces végétales et animales vont être anéanties avec la forêt. Ce n'est pas par sentimentalisme que nous les regretterons, mais parce qu'elles constituent un réservoir potentiel de cultures, de médicaments, de fibres et d'aliments nouveaux. Sait-on que le maïs à lui seul, par exemple, sert à la fabrication de l'aspirine, de la pénicilline, du papier et des matières plastiques ?

Partout nous assistons – impuissants ? – au fantastique gâchis de réserves qui, bien gérées, pourraient assurer notre subsistance pour plusieurs millénaires encore.

L'homme a sali la Planète Bleue, qui ne méritera bientôt plus son nom. Il s'en est pris sans scrupule à l'Océan, celui que Homère nous présente comme le père de tous les dieux. Douce ou marine, l'eau est le « principe de toutes choses », écrivait Thalès de Millet : elle engendre, vivifie, régénère, féconde. Le mépris et l'insouciance avec lesquels nous dilapidons ce trésor en disent long sur notre attitude face à la vie.

Longtemps, nous nous sommes rassurés en glorifiant les capacités régénératrices de la mer. On prétendait qu'elle pouvait digérer et laver toutes les ordures que nous y déversions : eaux usées des villes, vidanges des usines, déversements sauvages des navires, marées noires, pesticides et produits chimiques divers amenés par le ruissellement des eaux. Nous sommes même allés jusqu'à y jeter nos déchets nucléaires, feignant de croire qu'ils y seraient en toute sécurité. Aujourd'hui, la France, le pays le plus nucléarisé du monde, ne sait tout simplement plus que faire de ses déchets radioactifs.

Récemment, le monde s'est ému d'apprendre qu'il y avait plusieurs sous-marins atomiques échoués au fond de l'océan. Épaves soviétiques ou américaines, ils pourraient représenter autant de bombes à retardement à proximité de nos côtes. Inconscience des apprentis sorciers... D'innombrables navires de guerre russes, laissés à l'abandon faute de crédits pour leur entretien, pourrissent dans leur port d'attache, déversant carburants et autres produits toxiques.

De nombreuses mers régionales sont d'ailleurs en danger de mort. Leurs réserves de poisson ne se renouvellent plus, quand elles ne sont pas déjà impropres à la consommation. Dans les traditions anciennes, il est dit que les baleines et les dauphins étaient des mammifères non terrestres, amenés par les dieux dans nos mers pour surveiller l'état de la planète. Qu'arrivera-t-il si ces animaux intelligents, détruits par la toxicité marine, viennent à disparaître ?

Lorsque nous n'empoisonnons pas les eaux, nous les nourrissons trop. Le phosphore, sous forme de phosphate, n'est pas toxique en soi, mais c'est un aliment hyperfertilisant dont l'excès entraîne une prolifération des algues qui, à leur tour, provoquent une désoxygénation de l'eau, responsable d'hécatombes massives. Ainsi la célèbre algue rouge, « Oscillatoria rubescens », également appelée le « Sang des Bourguignons », est-elle en train d'étouffer nombre de nos lacs. *« Et le tiers des eaux se transforma en sang »*, nous dit saint Jean.

Jusqu'à l'eau destinée à la consommation humaine qui est en train de se dégrader ! On va encore m'accuser de vouloir semer la panique, mais sait-on qu'à Paris, la qualité de l'eau du robinet ne correspond plus, pour de nombreux paramètres, aux normes fixées par la réglementation ? On y trouve des nitrates et des résidus de pesticides en proportion cinq fois supérieure à ce qu'elle était il y a quinze ans. Il pourrait s'ensuivre une augmentation sensible des cancers et des affections sanguines... À New York, on détecte dans l'eau de boisson des taux d'aldicarbe, un neurotoxique redoutable, supérieurs à ceux fixés par l'Organisation mondiale de la santé... Et l'humanité va ainsi, « *beuvant par force eaux soulphre envenimées* » (Nostradamus, Xe Centurie, 49e quatrain.)

Le phénomène est planétaire, touchant aussi bien les campagnes que les villes. Au centre de la Sibérie s'étend le lac Baïkal, le plus profond du monde : cet écosystème unique est aujourd'hui présenté comme un grand malade, presque à l'agonie, asphyxié par les rejets des usines de pâtes et de cellulose. « *L'eau viendra à manquer* », nous disent presque toutes les prophéties.

Si la terre et l'eau sont empoisonnées, notre alimentation l'est aussi, fatalement. Qui peut dire les conséquences exactes sur notre organisme et en particulier sur nos neurones de toutes les substances toxiques que nous absorbons, de gré ou de force ? La viande contient des hormones synthétiques, les insecticides utilisés dans l'agriculture sont aujourd'hui associés à la leucémie, aux avortements spontanés ainsi qu'à divers troubles nerveux. Chaque année près d'un million de personnes sont intoxiquées par des pesticides aux noms barbares. Sait-on que chaque matin, en filtrant notre café ou en infusant un sachet de thé, nous absorbons des quantités, infimes certes, de dioxine, qui est utilisée pour blanchir le papier ? De nombreux colorants dont les « vertus » cancérigènes ont été prouvées n'ont à ce jour pas été retirés du marché... Selon certains spécialistes, la majorité des cancers serait due à la dégradation de l'environnement et de notre régime alimentaire... Inutile de se précipiter sur les légumes « biologiques », ils sont tout aussi contaminés, puisqu'ils poussent dans les mêmes sols que les autres et qu'ils sont arrosés par les mêmes eaux. Dans les pays industrialisés, nous avalons près de dix grammes d'additifs chimiques divers pour un kilogramme de nourriture consommé !

Inutile aussi bien de pratiquer un jeûne intensif pour mieux se prémunir, l'air que nous respirons est également dangereux. Les études réalisées sur des populations vivant à proximité de centres industriels montrent une progression dramatique des céphalées et des dysfonctions hormonales...

En attaquant notre système immunitaire, ces substances toxiques nous rendent plus vulnérables aux virus. Qui peut affirmer qu'elles ne sont pas, en outre, les facteurs partiels de ces maladies de l'âge moderne que sont l'agressivité urbaine, le stress et les dépressions ? Devrons-nous attendre une génération de mutants avant de réagir ? La Terre risque d'accomplir elle-même une purification devenue nécessaire.

Mais interrompons là le lancinant catalogue des problèmes écologiques qui nous assaillent. Il faudrait un livre entier, trop décourageant, pour exposer les innombrables doléances de la Planète Bleue.

« *La terre est en deuil, elle dépérit... Elle est profanée sous les pieds de ses habitants car ils ont transgressé les lois, violé le décret, rompu l'alliance éternelle* », nous dit Isaïe au chapitre 24, versets 4 et 5. Les craintes de Hermès Trismégiste se trouvent aujourd'hui plus que confirmées, lui qui écrivait dans son *Corpus Hermeticum* : « *Les hommes ne regarderont plus le monde comme le digne objet de leur admiration et de leur révérence... On tiendra en mépris et on ne chérira plus cet ensemble de l'Univers, œuvre incomparable de Dieu, glorieuse construction, Création de toute bonté faite d'une infinie diversité de formes, instrument de la volonté de Dieu qui, sans envie, prodigue sa faveur dans son ouvrage où s'assemble, en un même tout, dans une harmonieuse diversité, tout ce qui peut s'offrir au regard qui soit digne de révérence, de louange et d'amour...* »

Nous avons oublié que Gaïa, notre terre nourricière, formait un Tout et, plus encore, un être vivant. L'homme moderne s'est détaché de la Nature : il a voulu en faire un objet extérieur à lui-même et qu'il pourrait ainsi dominer à volonté. Chemin faisant, il a perdu de vue que sa propre survie dépendait de l'harmonie qu'il entretenait avec son lieu de domicile.

Les théories scientifiques les plus récentes semblent cependant opérer dans ce domaine une véritable révolution. Ainsi, l'Anglais Lovelock considère Gaïa comme un organisme vivant et qui, à ce titre, dispose de moyens autorégulateurs, comparables aux mécanismes physiologiques du corps humain, pour maintenir les conditions nécessaires à son existence ou tout simplement favorables à son développement. Cela signifie qu'il existe une symbiose totale entre les organismes vivants sur Terre et leur environnement. L'exemple le plus simple et le plus connu est sans doute celui du maintien à un niveau quasiment constant de l'oxygène. Ce maintien est dû à un compromis entre les consommateurs d'oxygène, comme l'homme et les animaux, et les consommateurs de gaz carbonique que sont les plantes. Pour Lovelock, « le système Gaïa a beaucoup de points communs avec la physiologie des animaux à sang chaud : l'atmosphère peut être comparée aux poumons de la planète ; le système hydrique, cours d'eau et océans compris, au sang de l'appareil circulatoire. » Les organismes vivants sont en quelque sorte les détecteurs de la Terre, les interactions entre les différentes espèces réglant le métabolisme de la planète. Une catastrophe naturelle comme l'explosion d'un volcan ou un raz de marée peut temporairement rompre cet équilibre, que la vie se chargera alors de réinstituer.

En somme, la Terre est « intelligente », ce que les ésotériques n'ont cessé de clamer. Il ne s'agit pas bien sûr d'une intelligence humaine mais d'une intelligence « biologique », voire « cosmique »... Malheureusement, l'action brutale des hommes est en train de miner dangereusement les mécanismes qui ont permis à Gaïa de maintenir son homéostasie. En dépit de ses capacités autorégulatrices, notre écosystème se trouve aujourd'hui, et pour la première fois de son histoire, en véritable danger, débordé par toutes les agressions subies. Lovelock n'hésite pas dès lors à parler de « fléau humain ». Mais il lance aussi un avertissement : si Gaïa est capable d'immenses largesses lorsqu'on la respecte, elle peut aussi se venger des mauvais traitements qu'on lui inflige. « *Il est dans l'intérêt de l'humanité de vivre en bonne entente avec la Terre. Sinon, Gaïa continuera d'exister... mais avec une nouvelle biosphère dont les êtres humains ne feront peut-être pas partie...* » Quelle vengeance !

De quelle façon la Terre pourrait-elle mettre à exécution cette vengeance ? Les scientifiques ont sans doute leur version, les ésotéristes en ont une... disons plus « animée ». La Planète Bleue dispose de quatre éléments qui la protègent et qui pourront devenir ses instruments de lutte contre le fléau humain. Ces éléments, ce sont la terre, l'eau, l'air et le feu, représentés par le svastika, cette croix gammée qui a été si néfastement récupérée par le nazisme. Symbole atlantéen que l'on retrouve de l'Amérique centrale à l'Extrême-Asie, le svastika est composé de quatre branches coudées qui, en tournant autour du centre, représentent le tourbillon créateur, le développement du monde autour du point fixe, Dieu. Hitler a repris ce symbole, mais il a inversé le sens de sa giration. De positive, la rotation est devenue négative et destructrice...

Les quatre éléments de Gaïa sont servis par des génies. La terre possède ainsi ses Gnomes qui, selon la Tradition, peuvent être visualisés sous la forme de lutins de petite taille habitant sous terre et animant la roche. Les Ondins règnent quant à eux dans l'eau, semblables à des sirènes à la longue queue de poisson. Les airs sont habités par les Sylphes, sortes de grands oiseaux aux ailes immenses, au corps fin et gracieux. Enfin, les Salamandres, sortes de lézards ou de dragons nains, évoluent dans le feu et se nourrissent de lui.

Ces génies sont un peu l'âme des choses, ils figurent les énergies protectrices en action dans la nature. Dépourvus de conscience et de personnalité propres, ils n'ont été créés que pour assurer la sauvegarde de la Terre. D'ordinaire ils ne se montrent pas et sont même rigoureusement invisibles à ceux qui ne croient pas en leur existence, mais parfois ils se manifestent...

L'année dernière, je revenais de Tokyo en avion et, comme toujours, j'étais assis près de la fenêtre. En regardant par le hublot, je perçus soudain un sifflement très étrange. Naturellement, je pensai tout d'abord que cela provenait du moteur. Je me suis penché un peu et, dans le prolongement de l'aile, j'ai vu une sorte de nuage très effilé, immense. Brusquement, ce nuage a pris la forme d'un oiseau et il s'est enfui dans un battement d'ailes à peine perceptible...

Je sais ce que cela peut avoir d'extraordinaire pour le lecteur non averti. Mais ce que nous prenons pour de la matière inanimée possède bel et bien une âme et des vies cachées. Les cristaux, les tourbillons marins, les flammes, la brise même sont le refuge et les signes de ces êtres mystérieux. Lorsque j'étais enfant, en Bretagne, les paysans disaient encore qu'en labourant un champ, il fallait toujours laisser un coin en friche pour que les lutins et les fées de la terre puissent y aller danser. Bachelard prétendait quant à lui que ces génies « viennent à nous quand on les appelle par leurs noms ». En vérité, ils ne sont perceptibles que pour les êtres ayant franchi le pont qui nous relie à l'au-delà. Pour ceux, au fond, qui ont conservé toute leur capacité d'émerveillement et d'admiration face au monde... N'est-ce pas finalement ce que nous dit la Bible ? *« Si vous ne devenez semblables à des enfants, vous n'entrerez pas dans le Royaume des Cieux. »*

Génies bénéfiques, les Gnomes pourraient se changer en génies maléfiques. Leur mission première était d'aider les hommes, mais ils pourraient bien se rebeller contre eux. Pour se débarrasser des humains, parasites nuisibles, la Terre va secouer son écorce. Toutes les prophéties nous prédisent de terribles séismes. Le voyant Jean de Vatiguerro écrit dans le *Livre des Étonnements* : *« La terre, saisie de crainte, éprouvera en plusieurs lieux des secousses effrayantes et engloutira tous les vivants : nombre de villes, de forteresses et de chateaux forts s'écrouleront et seront renversés.* » Zacharie nous annonce l'ouverture d'une faille gigantesque (14, 3) qui évoque l'écartement des plaques tectoniques : « *La montagne des Oliviers se fendra par le milieu, de l'Orient à l'Occident, en une immense gorge. La moitié de la montagne reculera vers le nord, et l'autre vers le midi.* »

L'activité sismique de la planète n'a jamais été aussi forte que depuis une vingtaine d'années. De la côte Ouest américaine aux montagnes du Caucase, de la Chine à l'Égypte, il ne se passe plus un jour sans qu'une secousse, même de faible intensité, ne soit ressentie en quelque endroit du globe. La sourate 67 du Coran nous interroge ainsi : «*Êtes-vous sûrs que celui qui est dans les cieux n'ouvrira pas la terre sous vos pas ? Déjà elle tremble.* » Et la sourate 99 nous dit encore :

Lorsque la terre tremblera d'un violent
[*tremblement,*
Qu'elle aura secoué tous ses fardeaux,
L'homme demandera : Qu'a-t-elle ?
Alors elle racontera ce qu'elle sait,
Ce que ton seigneur lui inspirera.

Les Ondins prêteront main-forte aux Gnomes. Nous savons que les catastrophes telluriques sont suivies de gigantesques raz de marée, les redoutables « tsunamis ». Les hommes ont toujours en mémoire la catastrophe de Valparaiso, au Chili, en 1952. Une vague d'environ quarante mètres de haut s'était abattue avec fracas sur cette ville, emportant tout sur son passage, hommes et maisons. L'impulsion de cette vague venait de Sibérie, à quelque quinze mille kilomètres de là...

« *Les vagues de la mer s'en vont aux rivages lointains épouvanter les nations* », lit-on dans la prophétie de Prémol qui, trouvée dans le couvent du même nom en 1783, prédisait avec une clarté extraordinaire les soubresauts de l'histoire de France, notamment de la Révolution et de l'Empire napoléonien. Jean de Vatiguerro, encore lui, nous annonce pour sa part que « *La mer mugira et s'élèvera contre le monde* ».

Or que disent les scientifiques ? Conséquence directe de l'effet de serre, le réchauffement de la planète entraînera la fonte des glaciers et une impressionnante montée du niveau des mers. Des régions, des îles et des pays entiers seront alors submergés, et les océans confondront leurs eaux.

Le *Vishnu-Purana* nous met aussi en garde contre des pluies diluviennes : « *Des nuages gigantesques couvriront la Terre. Puis, par un interminable déluge, ils noieront d'eau le monde entier. Cette pluie noiera la terre pendant douze ans et l'humanité sera détruite. La terre semblera un immense océan.* »

Pourtant, les chrétiens devraient avoir une raison d'espérer que ces inondations soient limitées et qu'au moins une partie des terres restent émergées. Car après le Déluge, Dieu a dit à Noé : « *J'établis mon alliance avec vous : tout ce qui est ne sera plus détruit par les eaux, il n'y aura plus de déluge pour ravager la terre.* » Mais il est vrai que nous n'avons pas respecté cette alliance puisque nous avons enfreint la clause qui invitait à reconnaître le Créateur comme seul maître de la vie... Verrons-nous alors les Ondins noyer le monde ?

Une chose est sûre, c'est que les Sylphes ne se montreront pas plus cléments. Ces êtres si fins peuvent se transformer en ennemis implacables. N'est-ce pas l'air qui porte les avions ? Et si les Sylphes venaient à rechigner à l'effort ? On l'a vu, ces dernières années enregistrent un nombre record de catastrophes aériennes.

Mais l'action des Sylphes ne se limiterait pas là, loin s'en faut. Ils peuvent donner naissance aux tempêtes et aux ouragans : le réchauffement de la planète d'un degré doublerait la fréquence des cyclones. Les Sylphes peuvent également rendre la terre impropre à toute culture en balayant et en disséminant la fine couche arable qui la recouvre. Ils peuvent propager à des milliers de kilomètres les particules radioactives, comme cela s'est vu après l'accident de Tchernobyl. Maîtres de notre atmosphère, les Sylphes peuvent cesser de filtrer les ultraviolets, nous condamnant à périr brûlés dans une véritable rôtissoire... En rêve, j'ai vu les hommes couverts de plaques noires et de brûlures faites par le soleil.

Surtout, les Sylphes peuvent véhiculer toutes sortes de virus inconnus ou de produits toxiques : « *L'air sera infecté et corrompu à cause de la malice et de l'iniquité des hommes* », nous dit Jean de Vatiguerro. « *Le cours naturel de l'air sera presque totalement changé et perverti à cause des maladies pestilentielles. Les hommes, aussi bien que les animaux, seront frappés de diverses infirmités, et de mort subite ; il y aura une peste inénarrable.* »

L'homme dispose aujourd'hui d'une impressionnante panoplie de gaz mortels. De nombreux accidents l'ont suffisamment prouvé. Souvenons-nous de Seveso, en 1976: un poison très violent, la dioxine, fut libéré dans l'atmosphère. Dans le périmètre touché par le nuage toxique, les oiseaux tombèrent du ciel, les animaux domestiques succombèrent et l'endroit dut être évacué en catastrophe. Les hommes souffraient de tumeurs effroyables : les plus touchés furent enfermés dans une zone dont on interdit l'accès. La terre était si imprégnée de ce poison qu'il fallut la retirer à coups de bulldozers – ce qui d'ailleurs se révéla largement insuffisant. On assista à une augmentation dramatique des malformations congénitales et les personnes exposées sont aujourd'hui encore victimes des effets à long terme. Nous avons appris par la suite que des fûts de dioxine se promenaient dans les décharges françaises...

Il y eut aussi Bhopal, en 1984. Un gaz très volatil, l'isocyanate de méthyle, s'échappa d'un réservoir d'une usine d'insecticides. Tout autour, des milliers de personnes eurent les poumons atteints et se mirent à vomir du sang, tandis que le gaz leur brûlait les yeux. On estime que cet « accident » a fait quelque dix mille morts, mais aussi vingt mille infirmes et deux cent mille personnes touchées qui souffrent encore de troubles de la vue ou de douleurs dans l'abdomen ; les femmes connaissent des complications gynécologiques et des troubles de la grossesse...

Seveso, Bhopal... Quelle sera la troisième grande catastrophe chimique ? Aujourd'hui, nos militaires disposent de gaz d'une violence rare : deux millièmes de gramme suffisent à tuer un homme, cinquante kilogrammes pourraient rayer la population française de la carte. Inutile de courir acheter un masque à gaz : il ne serait d'aucun secours puisque certains de ces produits peuvent pénétrer par les pores de la peau...

Sainte Hildegarde, la grande prophétesse du XIIe siècle, abbesse des bénédictines de Bingen, nous annonce une « *grande nuée qui répandra une odeur d'une corruption épouvantable, et véritablement infernale* ».

Mais les Sylphes ne seront jamais plus puissants que lorsqu'ils s'allieront aux Salamandres du feu...

Les prophéties sont pratiquement unanimes, en effet, pour faire du feu l'instrument privilégié de la colère divine. « *Ma fureur s'est allumée comme une flamme impétueuse,* est-il écrit dans le Deutéronome, *elle pénétrera jusqu'aux fonds des enfers, elle brûlera la terre et tout ce qu'elle produit.* »

Le Déluge causa la première destruction du monde, les flammes accompliront la seconde. C'est une constante dans les traditions et les civilisations les plus éloignées, des peuples altaïques aux Indiens aztèques ou amazoniens, des textes mazdéens à l'Apocalypse de saint Jean où l'on voit le septième ange « *se placer près de l'autel, muni d'une pelle d'or... Il l'emplit du feu de l'autel qu'il jeta sur la terre* ». Claude Lévi-Strauss cite un mythe des Indiens Gé selon lequel la Lune vole un diadème de feu au soleil. « *Le diadème lui brûla les mains et elle le laissa choir par terre, toute la savane s'embrasa, et les animaux furent consumés.* »

Le poète latin Lucain a aussi donné voix à cette crainte : « *Le feu détruira le monde, rien n'échappera à la fureur des flammes le jour où le ciel et la terre seront confondus en un seul brasier.* »

Quant aux sources de cet embrasement, elles pourraient être multiples. Nous avons déjà évoqué la possibilité du passage d'une météorite qui, en élevant considérablement la température atmosphérique, provoquerait des incendies spontanés aux quatre coins du globe. À moins qu'elle ne dévie légèrement l'orbite de la Terre en l'exposant dangereusement aux rayons implacables du Soleil... Mais les risques les plus grands sont plus proches de notre sol. On sait par exemple les conséquences de l'embroussaillement de la forêt méditerranéenne. En une génération, les régions ravagées par le feu ont triplé en France. On se souviendra également du gigantesque incendie qui fit rage dans les montagnes Rocheuses, aux États-Unis. Jamais, semble-t-il, les Salamandres n'ont été aussi actives...

Mais les hommes ne sont pas en reste ! Les incendies provoqués par leur folie meurtrière ne sont plus à compter. Depuis le Viêt-nam, nous n'ignorons rien de l'action des bombes au napalm. Aujourd'hui, nous disposons de bombes au phosphore qui brûlent jusque sur la pierre nue. Or, de nombreuses prophéties annoncent la destruction des grandes capitales par le feu de la guerre. Saint Césaire d'Arles (470-542) évoque ainsi la fin de Paris : « *Le fer et le feu enserrent la Babylone de la Gaule qui tombe dans un grand incendie.* »

Le plus terrifiant, bien sûr, reste le feu atomique qui, selon toute vraisemblance, jouera un rôle crucial. Il est étrange d'en trouver la prémonition dans un texte datant du XVIIe siècle et baptisé la Prophétie du Moine Inconnu : « *Des rayons brûlants, plus brûlants que le soleil le plus incandescent à l'Équateur, des forteresses roulantes de fer et des vaisseaux volants remplis de boulets terribles et de flèches, des étoiles filantes mortelles et du feu sulfureux détruiront de grandes villes.* » Pouvait-on mieux décrire les armes nucléaires, les chars d'assaut, les bombardiers géants et les missiles qui constituent nos armadas modernes ?

Le feu incandescent pourrait aussi désigner la bombe à neutrons qui libère son énergie sous forme de rayons capables de traverser les murailles et le métal comme une flèche traverse un filet. Les neutrons désintègrent les cellules du corps et l'organisme se trouve alors comme liquéfié : « *Mon souffle est un feu qui vous dévorera,* trouve-t-on dans Isaïe, chapitre 33, versets 11 et 12, *les peuples seront de la chaux en combustion, des épines coupées que le feu réduit en cendres.* »

Cette apocalypse nucléaire n'est-elle pas aussi présente chez saint Jean ? Au chapitre 8, versets 10 et 11, il nous parle d'un « *astre brûlant comme une torche, un astre nommé "Absinthe" qui tomba sur le tiers des fleuves et des sources : le tiers des eaux se changea en absinthe, et bien des gens moururent de ces eaux devenues amères* »... J'ai déjà signalé au lecteur, dans *Trajectoire,* que ce mot « Absinthe » se traduit en ukrainien par un nom qui retentit comme une trompette de l'Apocalypse : *Tchernobyl...*

Parce qu'elle contamine la terre et les eaux, parce qu'elle est un feu et une menace invisible qui se propage dans les airs, la catastrophe nucléaire nous apparaît comme la conjonction destructrice des Gnomes, des Ondins, des Sylphes et des Salamandres...

Au début de la construction des centrales nucléaires, nous avons tous entendu les meilleurs spécialistes nous assurer doctement que les chances d'accident n'étaient pas supérieures à une sur un milliard. Aujourd'hui, nous avons déjà inscrit sur nos tablettes : Kyshtyn en 1957, Three Mile Island en 1979, Tchernobyl en 1986, et d'autres incidents de moindre envergure... Comment resterions-nous paisibles ? Confrontés à l'évidence, les spécialistes ont d'ailleurs révisé leurs probabilités. Plusieurs estiment désormais à 50/50 les chances d'un accident nucléaire majeur d'ici la fin du siècle.

En somme, on ne se pose plus la question d'empêcher semblables accidents, mais de savoir comment les vivre « au mieux ». À l'entrée de ce chapitre, j'exprimais la crainte que nous soyons parvenus à un point de non-retour...

Est-ce à dire que la Terre va disparaître ? J'ai bon espoir que non. Pourtant, le pire des scénarios n'est pas à exclure. Tout ce qui est né doit mourir, et la Terre n'échappera pas à cette règle. Nous savons que notre Soleil lui-même n'est pas éternel et que son espérance de vie est estimée à encore quelque cinq milliards d'années, ce qui nous laisse le temps de voir venir... Dans son anéantissement, le Soleil entraînera bien sûr celui de la Terre. Ce ne sera pourtant pas encore la fin du monde. L'explosion de cet astre laissera la place à d'autres planètes, d'autres étoiles... Le vaste cycle cosmique recommencera. J'ai la conviction qu'il existe dans des galaxies lointaines des milliers de constellations habitées, évoluées, qui prendront le relais.

Dans les visions que m'inspirent mes voyages astraux, j'ai eu l'intuition d'une autre planète, nommée Traïa, qui aurait été le premier laboratoire de civilisation dans notre galaxie. Sur cette planète qui se situait entre Mars et Jupiter, les Élohim, ces anciens dieux dont nous parle la Bible hébraïque, ont effectué un premier essai de colonisation humaine. Traïa s'est développée, les habitants se sont multipliés mais ils ont fini par se rebeller et par se détourner de leurs créateurs. Entravée dans son ascension à un Plan Vibratoire supérieur, Traïa a explosé, il y a quelque cinq milliards d'années, provoquant les bombardements d'astéroïdes dont toutes les planètes du système solaire gardent les traces : ce sont les cratères que l'on voit sur Mercure, Vénus, Mars, la Lune... Et certains de ces corps stellaires sont allés constituer la ceinture d'astéroïdes autour de Jupiter, planète gazeuse.

Bien après cet échec, les Élohim, inspirés par la Divinité, ont alors entrepris une nouvelle expérience sur Terre (nous y reviendrons au chapitre suivant). Aujourd'hui, nous nous trouvons au même tournant crucial que Traïa n'a pas su négocier. Si la Terre ne peut s'élever dans l'échelle vibratoire, elle sera menacée d'explosion. Le taux vibratoire du Cosmos étant trop élevé, et celui de la Terre trop bas, il y aura fatalement rupture... Un peu comme lorsqu'un verre de cristal, soumis à une note musicale très forte, se brise, incapable de monter dans la gamme chromatique.

Mais nous n'en sommes pas là. L'Apocalypse qui nous guette m'apparaît plutôt comme une purification opérée par Gaïa. La Terre va se secouer pour évacuer les produits toxiques que lui injecte le fléau humain. Il s'agit non pas d'une destruction finale mais d'une restructuration et d'une renaissance avant un Âge nouveau.

Que se passera-t-il alors ? À défaut d'emporter la planète avec lui, l'homme pourrait-il disparaître de la surface de la Terre ? Je crois malheureusement que c'est tout à fait possible. « Nous autres, civilisations, nous savons maintenant que nous sommes mortelles », disait Valéry. Depuis, nous avons encore franchi un cran : désormais, nous savons que c'est le genre humain tout entier qui est mortel... L'ère des dinosaures est révolue, celle de l'homme pourrait céder la place au règne des insectes, dont on connaît la résistance aux changements de température et à des taux élevés de radioactivité.

Le scénario le plus plausible, cependant, c'est que la Terre éliminera une fraction importante de l'humanité, mais qu'une partie survivra. « *Beaucoup seront triés, épurés et passés au creuset* », nous dit Daniel. La Terre sera alors mise en jachère des hommes.

« *Et s'il en est qui sont épargnés,* prophétise Ézéchiel au chapitre 7, verset 16, *ils se sauveront et ils seront sur les montagnes comme les colombes des vallées, toutes gémissantes, chacun pour son péché...* »

Et Isaïe (chapitre 26, verset 20) : « *Va, mon peuple, retire-toi dans tes demeures, et ferme les portes derrière toi : cache-toi un court instant, jusqu'à ce que la bourrasque ait passé. Car voici l'Éternel qui sort de sa résidence pour faire expier leurs méfaits aux habitants du pays.* »

L'Apocalypse de saint Jean (chapitre 7, versets 2 et 4) nous donne des indications sur ceux qui seront préservés : « *Dieu cria d'une voix puissante aux quatre anges auxquels il fut donné de malmener la terre et la mer : "Attendez, pour malmener la terre et la mer et les arbres, que nous ayons marqué au front les serviteurs de notre Dieu." Et j'appris combien furent alors marqués du sceau : cent quarante-quatre mille, de toutes les tribus des fils d'Israël.* »

Ceux-là auront pour mission de rebâtir la Terre. Leur existence pourra être tout d'abord précaire, mais la Connaissance sera préservée. Après tout, ce ne serait pas la première fois dans l'histoire du monde que semblable tribulation surviendrait...

[illegible] ».

Et Isaïe (chapitre 28, verset 20) : « [illegible] dans les derniers [illegible] »

L'Apocalypse et Isaïe (chapitre 2, versets 2 et 4) nous donnent des indications sur [illegible]

[illegible]

C'est [illegible] Dans leur vision [illegible] pour y être tout d'abord [illegible] mais la Communauté sera [illegible] ne serait pas la première fois [illegible] du monde que [illegible].

L'imagination est la reine du vrai, et le possible est l'une de ses provinces.

BAUDELAIRE

CHAPITRE TROISIÈME

LES RESCAPÉS DE L'ATLANTIDE

Que savons-nous vraiment de notre Histoire ? Je ne parle pas de notre histoire récente, qui couvre *grosso modo* l'ère des Poissons. Celle-ci est relativement bien connue. Mais elle ne constitue que la partie émergée d'un gigantesque iceberg. Quels sommets, quels gouffres se cachent sous le niveau modeste de nos connaissances vérifiées ? Étudiant aux Beaux-Arts, j'étais fasciné par ces pans entiers de notre passé qui restent inexplorés, comme égarés dans la nuit des temps. Que reste-t-il de l'épopée de ces peuples anciens, bâtisseurs de civilisations qui ont brillé d'un éclat singulier plusieurs millénaires avant la nôtre ?

Que savons-nous au fond de « l'Histoire d'avant l'Histoire » ? Bien peu, il faut le reconnaître. Combien de zones d'ombres, combien d'énigmes irrésolues nous dissimulent le vrai visage de nos prédécesseurs ! Certes, les découvertes archéologiques repoussent sans cesse les bornes de notre savoir. Depuis deux siècles environ, ils sont spectaculaires, les bouleversements qui ont agité notre perception de l'Antiquité et de la Préhistoire. Des fouilles ont mis au jour, en Amérique du Sud ou dans ce croissant fertile qu'est la Mésopotamie, les vestiges de cités dont nous ignorions hier encore l'existence. Ou bien nous doutions de celle-ci, qui n'était attestée que par quelques textes anciens, voire par une simple tradition orale. Pour ne donner qu'un seul exemple, souvenons-nous que la ville de Troie fut longtemps considérée comme un site purement légendaire, né de l'imagination de l'auteur de l'*Iliade*. Mais en 1870, lorsque Heinrich Schliemann, s'appuyant sur les poèmes homériques, découvrit les traces d'établissements successifs sur la côte de l'Hellespont, il fallut se rendre à l'évidence : la guerre de Troie avait bien eu lieu !

À Jéricho en Israël, à Çatal Höyük en Turquie, à Lagash en Irak, des cités ont été désensablées. Elles révèlent que des civilisations ordonnées se sont développées bien avant les dates à partir desquelles nous fixions jusqu'alors la naissance de l'humanité. Ces civilisations ont connu leur heure de gloire puis elles ont péri, sans que nous sachions vraiment les raisons de ce déclin parfois brutal. Au Pérou ou en Colombie, la découverte de villes presque intactes, laissées à l'abandon, nous procure une impression étrange, comme si ces villes avaient été soudain désertées par leurs habitants, fuyant devant un quelconque cataclysme dont l'Histoire a tout oublié. Au fond, ces civilisations perdues nous rappellent l'inéluctable loi des cycles : naissance, développement, apogée et mort, tel fut leur destin, tel pourrait être le nôtre. Elles nous rappellent en somme qu'il n'est pas impossible qu'à notre tour, nous sombrions un jour dans l'oubli...

Dans deux de ses dialogues, le *Timée* et le *Critias,* Platon évoque la figure d'un haut personnage, Solon (640-558 av J.-C.), homme politique athénien réputé pour son esprit de réforme. Ce sage de la Grèce antique fut aussi un grand voyageur, qui se rendit notamment en Égypte. Là, il eut l'occasion de converser longuement avec les prêtres les plus savants du pays. Ceux-ci s'adressèrent à lui en des termes qui pourraient aussi nous être destinés : « *Vous autres Grecs, vous êtes tous jeunes d'esprit car vous n'avez aucune opinion ancienne fondée sur une vieille tradition et aucune science blanchie par le temps. En voici la raison : il y a eu souvent et il y aura encore souvent des destructions d'hommes causées de diverses manières...* »

Les prêtres égyptiens confièrent alors à Solon que cette ancienne Tradition était consignée dans les caches de leurs temples depuis un temps immémorial et que les documents dont ils disposaient faisaient clairement état de l'anéantissement d'une île, vaste comme un continent, qu'ils nommaient Atlantide.

Ces textes évoquaient un peuple « venant d'un autre monde situé dans l'océan Atlantique. On pouvait alors traverser cet océan car il s'y trouvait une île devant ce détroit que vous appelez, dites-vous, les colonnes d'Héraclès... »

Ces colonnes d'Héraclès, ou d'Hercule, c'est ce que nous nommons aujourd'hui le détroit de Gibraltar.

« Cette île était plus grande que la Libye et l'Asie réunies, continuèrent les prêtres égyptiens. De là, on pouvait alors passer dans les autres îles et de celles-ci gagner tout le continent qui s'étend en face d'elles et borde cette véritable mer. »

À en croire Platon, les Égyptiens connaissaient donc l'existence des Caraïbes et de l'Amérique, situées au-delà de l'Atlantide...

Mais ce royaume atlante connut un brusque effondrement. « Il y eut des tremblements de terre et des inondations extraordinaires, s'entendit narrer Solon. Dans l'espace d'un seul jour et d'une seule nuit néfastes, l'île Atlantide, s'étant abîmée en mer, disparut d'un coup. »

Le continent mystérieux s'est affaissé, emportant dans la légende toute une civilisation. Et si l'Atlantide nous intéresse aujourd'hui, c'est qu'elle préfigure – peut-être – ce que nous allons vivre nous-mêmes : la fin d'une ère.

Que s'est-il passé ? Quelle était l'origine de ce peuple évolué ? Pourquoi et comment a-t-il sombré corps et biens ? À moins qu'il n'ait réussi à prolonger son influence sous une forme ou sous une autre... Les réponses à ces questions pourraient nous éclairer sur notre passé comme sur notre avenir.

Fascinés et guidés par le récit platonicien, de nombreux explorateurs se sont efforcés de découvrir les traces de l'Atlantide. À quelque deux mille kilomètres à l'ouest de l'Espagne, il existe un haut plateau sous-marin qui pourrait correspondre au continent englouti. Certaines de ses crêtes, comme le pic Ampère, viennent affleurer à seulement soixante-dix mètres de la surface des eaux. Le reste du plateau s'enfonce jusqu'à deux mille cinq cents mètres de profondeur. Là, des prélèvements de roche ont attesté la présence de coraux morts. Ces coraux ne pouvant naître à une telle profondeur, cela semblerait indiquer que cette région se trouvait autrefois bien plus élevée et qu'elle s'est soudain effondrée. Seuls quelques points du continent perdu resteraient émergés : ce sont les îles des Açores et de Madère, les îles du Cap-Vert ou, du côté américain, les Bermudes et les Bahamas.

En 1969, à Bimini, au large de ces Bahamas précisément, des plongeurs ont fait une découverte qui a ému le monde scientifique comme tous ceux que le mystère de l'Atlantide passionne : il s'agit d'une chaussée longue de plusieurs centaines de mètres, large de dix, et constituée d'énormes blocs de pierre. Ce dallage géant n'est certainement pas d'origine naturelle, comme le démontre l'imbrication précise des pierres, ainsi que leur découpe en angle droit. Tout laisse à penser qu'il s'agit d'une route, peut-être d'une voie royale qui s'enfonce sous la mer et sous le sable dans la direction supposée de l'Atlantide.

Dans la région appelée Triangle des Bermudes, on rencontre en plusieurs endroits des structures mégalithiques qui intriguent depuis longtemps les pêcheurs et les océanographes. Des pilotes d'avions survolant cette portion de mer ont eux aussi fait état de formations ressemblant à des murailles ou à des routes sous-marines. En dépit de leurs dessins géométriques – droites rectilignes ou cercles de pierre – on a longtemps voulu croire à des structures naturelles, ce que vient démentir la découverte de Bimini. Pourrait-il s'agir des vestiges de ports ou de colonies atlantes englouties par le grand cataclysme qui détruisit l'île mère ?

Edgar Cayce, un célèbre voyant américain mort en 1945, qui disait avoir des visions par le truchement d'un sommeil hypnotique, avait déclaré vingt-huit ans avant cette découverte archéologique qu'aux environs de l'année 1969, l'Atlantide réapparaîtrait... non loin de l'île de Bimini. En 1929, il avait également prédit que *« d'ici cent ans environ, après une série de tremblements de terre, des îles s'élèveront hors de l'océan, dans la région des Açores, et les ruines de l'Atlantide seront découvertes et explorées »*.

Peut-être Cayce avait-il lu ces vers de Sénèque :

Un temps viendra dans la vieillesse du monde
Où l'océan libérera ce qu'il enserre
Et une terre apparaîtra dans toute sa gloire.

En attendant, sur tout le pourtour de cet océan, les peuples et la géographie semblent nous renvoyer l'écho du continent englouti : Atlas, Antilles, Andes, Andalousie... Quant aux Aztèques, ils affirment que leur nom est dérivé de celui de l'île montagneuse dont ils sont originaires et qui pour eux fait figure désormais de paradis perdu : *Aztlan*.

De leur côté, les archéologues hésitent encore à se prononcer sur l'existence de l'Atlantide, peut-être parce que cela les obligerait à récrire totalement l'histoire de l'humanité. Tant que des preuves concluantes n'auront pas été apportées, ils resteront sur leurs positions attentistes. La rigueur de leur méthode est tout à leur honneur. Prenons garde cependant à ce qu'une frilosité intellectuelle ne nous fasse adopter une attitude de rejet systématique. Depuis quelque temps, je note avec intérêt une certaine évolution chez les scientifiques : l'Atlantide n'est plus perçue comme un simple mythe dépourvu de fondement, mais bel et bien comme une hypothèse de travail.

Mais qu'importe, après tout ? Ce qui est sûr, c'est qu'il reste encore beaucoup trop d'inconnues dans notre Histoire pour que quiconque puisse estimer détenir l'unique vérité et qualifier d'insanités les autres affirmations. Peu à peu nous défrichons, et les certitudes d'hier font souvent place à des interrogations. Notre savoir n'est pas immobile, il ne cesse de se corriger pour retrouver le fil de notre Grande Histoire. Les fouilles archéologiques nous apparaissent comme les jalons de ce processus, de même que les archipels atlantiques sont les seules crêtes aujourd'hui émergées d'un vaste continent. Pourquoi ne pas tenter de prendre appui sur ces jalons pour rétablir le pont avec le passé ? L'imagination est le guide et le ferment des avancées humaines, au même titre que l'empirisme. Les hommes de science eux-mêmes savent bien d'ailleurs ce que leurs découvertes doivent à l'intuition. Alors pourquoi refuser de plonger dans ces profondeurs inconnues ? Si nous ne devions rencontrer que la légende, elle n'en serait pas moins riche en enseignements...

On pourra lire en effet les pages qui suivent comme la plus belle des légendes, celle de l'Histoire humaine. Mais les mythes ne sont-ils pas avant tout des versions poétiques de la réalité et les meilleures réponses à nos énigmes ?

Prenons l'exemple – si crucial – de l'origine des hommes. On sait que les théories scientifiques de l'évolution se heurtent à l'obstacle majeur du chaînon manquant : comment une cellule de vie a-t-elle pu naître dans un monde uniquement minéral ? L'hypothèse selon laquelle la réunion d'un certain nombre de gaz à une température donnée aurait pu jouer ce rôle de catalyseur est aujourd'hui contestée : la combinaison gazeuse avancée est tout simplement impossible.

De mon côté, lorsque j'affirme ma conviction selon laquelle l'homme serait apparu grâce à l'intervention d'une puissance cosmique, je ne fais que me conformer aux mythes les plus anciens de notre culture, fondateurs de nos religions. Mais les légendes sont à tiroirs : on peut les prendre au pied de la lettre, ou bien y voir l'illustration imagée d'une réalité physique. Car au fond, ma vision n'est pas si éloignée des dernières hypothèses scientifiques. Ainsi, on avance aujourd'hui que ce sont des météorites tombées du ciel qui auraient apporté la première étincelle de vie sur Terre. Issues de planètes sur lesquelles existait une forme de vie rudimentaire – mais pourquoi pas développée, comme sur Traïa ? – ces météorites étaient porteuses de certaines cellules ou molécules. En « échouant » sur notre planète minérale, au terme d'un immense processus de combinaison et d'évolution, ces éléments extérieurs auraient donné naissance aux premiers organismes vivants, puis à l'homme. Une telle théorie ferait de nous, de par notre lointaine origine, des « extra » terrestres...

Tout ce préambule pour dire qu'on ne doit pas s'étonner de voir se mêler ici mes visions personnelles, les mythes anciens et les découvertes scientifiques. Le but du jeu n'est-il pas de débroussailler le sens de la vie, sans hésiter à manier tous les outils à notre disposition ?

Quoi qu'il en soit, je m'estimerais satisfait si le lecteur, même en souriant, acceptait de délaisser un moment sa vision parcellaire de l'Histoire pour envisager la vaste destinée du genre humain ; si l'évocation des civilisations antérieures pouvait l'inciter à relativiser l'assise de ses pseudo-certitudes et s'il pouvait enfin, à la lumière de cette fresque légendaire qui se déroule devant lui, apercevoir que nous sommes les héritiers d'une longue chaîne humaine dont les racines plongent dans l'obscurité des temps. Peut-être alors pourrait-il s'interroger sur notre responsabilité à l'égard de nos ancêtres comme de nos successeurs. Car nous sommes parvenus à un point où, par notre inconscience, nous risquons de rompre cette chaîne...

Mes lectures comme mes souvenirs et mes visions m'ont amené à penser qu'il existe au centre de notre Galaxie une civilisation vieille de plusieurs milliards d'années sur la destinée de laquelle président les Sages de Sirius et d'Orion, gouvernants invisibles qui régissent également de nombreuses étoiles de notre système galactique.

Après l'échec de l'expérience Traïa, que nous avons déjà évoqué, l'intérêt de ces Sages fut éveillé par la planète Terre : celle-ci est en effet située sur l'une des branches extérieures de la Galaxie, ce qui fait d'elle un point d'appui, une tête de pont idéale pour d'éventuelles expéditions vers des nébuleuses voisines.

Les représentants de cette civilisation lointaine sont les Élohim, mot que la Bible hébraïque utilise à maintes reprises pour désigner des dieux anciens ou des êtres surnaturels. Depuis des millions d'années, ces Élohim ont approché notre planète. Ils l'ont étudiée alors qu'elle se trouvait encore à l'état quasi sauvage et il y a cinq millions d'années ; obéissant aux instructions des Sages d'Orion et de Sirius, ils sont arrivés sur Terre pour créer, à partir d'un embryon terrestre, un amphibien d'aspect humanoïde.

Récemment, j'ai eu la surprise d'apprendre que les aborigènes d'Australie possèdent un mythe étrangement similaire à mes conclusions pour expliquer l'apparition de l'homme sur Terre. Au commencement, d'après eux, existaient des formes vivantes qui flottaient sur l'eau boueuse des marécages : dépourvus d'organes distincts tels que l'ouïe et la vue, ces organismes ressemblaient en fait à des globes translucides sur lesquels on discernait à peine une ébauche de membres et de tête... C'est alors que des créatures célestes, que les aborigènes nomment Ungambikula – nos Élohim ? –, sont intervenues pour modeler un visage ayant apparence humaine. Ils dessinèrent les yeux, la bouche et les oreilles. Puis les membres furent achevés, et les préhominidés ainsi obtenus sortirent de l'élément aqueux pour gagner la Terre. Leurs jambes n'étant pas encore très solides, ils commencèrent par ramper comme des reptiles. Plus tard, ils se mirent à marcher...

Ne retrouvons-nous pas là, sous forme mythique mais de façon spectaculaire, ce que nous disent les théories évolutionnistes de nos scientifiques ?

Mais revenons aux Élohim. Initiateurs de créatures amphibies, ils quittèrent la planète Terre, laissant imprudemment se parachever l'évolution.

Il y a soixante-dix-huit mille ans, jugeant le moment venu, les Sages de Sirius et d'Orion donnèrent pour mission à ces Élohim de reprendre le chemin de la Terre afin d'y organiser la première civilisation humaine. Ceux-ci se remirent donc en route, en compagnie de savants et d'autres instructeurs recrutés sur plusieurs planètes de notre galaxie.

À leur arrivée sur la Planète Bleue, ces Grands Instructeurs découvrirent avec consternation que les spécimens abandonnés à leur sort n'avaient pas toujours évolué dans le sens attendu. En effet, suite à diverses aberrations génétiques, les humanoïdes avaient donné naissance à quantité de mutants dont les légendes anciennes ont gardé la mémoire. Il y avait là des êtres mi-homme mi-taureau que les Grecs appelleront Centaures et Bucentaures. Il y avait des hommes à tête de chacal, comme l'Anubis des Égyptiens. Ou des Harpies au corps de femme, doté d'ailes et de serres ; des sirènes à la longue queue de poisson ; des satyres aux pattes et cornes de bouc ; des êtres mi-homme mi-cheval, des loups-garous... Les Élohim trouvèrent aussi des animaux fabuleux, comme ces griffons à bec et ailes d'aigles, et au corps de lion ; des gorgones, la tête auréolée de serpents, la bouche pourvue de défenses de sanglier ; des chevaux ailés comme

tout à coup la très nette sensation de les avoir connues auparavant. Longtemps auparavant... Les flashes se bousculèrent dans mon esprit, confirmés par le trouble similaire qu'éprouvaient ces personnes. Une « vérité » s'est alors imposée à moi, celle de mon origine première.

Je viens d'une planète dite « de cristal », dans la constellation de l'Aigle, qui évolue en orbite autour de l'étoile Altaïr. Étais-je, avec ces trois personnes, de l'expédition organisée par les Élohim en vue de civiliser la Terre ? C'est ma conviction intime, contre laquelle on ne peut rien. Les images confuses de ce voyage cosmique constituent mes premiers souvenirs, que je peux donc dater à environ soixante-dix-huit mille ans. Par la suite, je fus un des législateurs qui allaient s'attacher à donner naissance à la civilisation atlante. Complice des massacres sur les monstres hybrides, je devais désormais lier mon destin à celui de la planète Gaïa...

Lorsque les Élohim eurent achevé de donner leur vaste coup de balai dans la ménagerie terrestre, les bases étaient jetées. L'*Homo sapiens* venait de faire son apparition. Il allait conquérir le monde.

Sous l'impulsion des Grands Instructeurs, quatre civilisations virent le jour : elles devaient longtemps vivre en harmonie, ou dans l'ignorance l'une de l'autre, je ne sais, aux quatre coins du globe.

Le royaume de Thulé occupait la partie nord de notre hémisphère. Ses habitants, les Hyperboréens, ceux qui vivent « au-delà du vent du nord », étaient de race blanche. On les trouve mentionnés aussi bien dans les traditions scandinaves qu'orientales. Thulé, ce n'est autre que l'Avalon des Celtes ou le Varahi des Hindous : le foyer primordial de l'*Homo sapiens*.

Dans l'océan Pacifique s'implanta le royaume de Mu, siège de la race jaune. Cet immense royaume s'étendait du Sud-Est asiatique aux côtes Ouest du continent américain actuel. Une grande partie de ces terres a disparu, engloutie sous les eaux, comme l'Atlantide : seuls vestiges de ce continent, les îles indonésiennes et les myriades d'archipels du Pacifique.

L'Afrique constituait le royaume de Gondwana, berceau de la race noire.

Enfin, « après les Colonnes d'Hercule », au milieu de l'océan Atlantique s'éleva la civilisation des Atlantes, la plus développée des quatre. Les Atlantes se nommaient les Hommes Rouges, car ils avaient la peau cuivrée. Bien des millénaires plus tard, lorsque les Espagnols mettront le pied sur le continent américain, ils auront d'ailleurs l'étrange intuition d'appeler ces peuplades, héritières des Atlantes, les « Peaux-Rouges ».

L'Atlantide prospéra rapidement. L'artisanat, puis les arts, enfin la science et les techniques s'y développèrent sous la tutelle des Grands Instructeurs, que leur karma avait condamnés au rôle de guides permanents.

Platon donne une description précise de l'irrésistible expansion de cette civilisation: « Dans cette île Atlantide, des rois avaient formé une grande et admirable puissance, qui étendait sa domination sur l'île entière et sur beaucoup d'autres îles et quelques parties du continent. En outre, en deçà du détroit, de notre côté, ils étaient maîtres de la Libye jusqu'à l'Égypte, et de l'Europe jusqu'à la Tyrrhénie. »

Les Atlantes mirent tout leur savoir au service de vastes et complexes constructions, édifiant la plus grandiose des capitales: « Avec toutes les richesses qu'ils tiraient de la terre, les habitants construisirent les temples, les palais des rois, les ports, les chantiers maritimes, et ils embellirent tout le reste du pays dans l'ordre que je vais dire. Ils commencèrent par jeter des ponts sur les fossés d'eau de mer qui entouraient l'antique métropole, pour ménager un passage vers le dehors et vers le palais royal. Ce palais, ils l'avaient élevé dès l'origine à la place habitée par le Dieu et par leurs ancêtres. Chaque roi, en le recevant de son prédécesseur, ajoutait à ses embellissements et mettait tous ses soins à le surpasser, si bien qu'ils firent de leur demeure un objet d'admiration par la grandeur et la beauté de leurs travaux. Ils creusèrent depuis la mer jusqu'à l'enceinte extérieure un canal de trois plèthres de large, de cent pieds de profondeur et de cinquante stades de longueur, et ils ouvrirent aux vaisseaux venant de la mer une entrée dans ce canal, comme dans un port, en y ménageant une embouchure suffisante pour que les plus grands vaisseaux y pussent pénétrer... »

Pour décorer leurs monuments, les Atlantes utilisaient sans compter les métaux les plus précieux, y compris certains dont nous ne connaissons plus la composition, comme l'orichalque. On retrouvera dans des civilisations postérieures, babylonienne ou inca, l'usage de couvrir les murs des temples de feuilles d'or. Les pyramides égyptiennes elles-mêmes étaient à l'origine recouvertes de plaques de ce précieux métal, que des générations de pillards se sont acharnées à démanteler.

« Le temple tout entier, continue Platon, à l'extérieur, était revêtu d'argent, hormis les acrotères, qui l'étaient d'or : à l'intérieur la voûte était tout entière d'ivoire émaillé d'or, d'argent et d'orichalque ; tout le reste, murs, colonnes et pavés, était garni d'orichalque. On y avait dressé des statues d'or, en particulier celle du Dieu, debout sur un char, conduisant six chevaux ailés, et si grand que sa tête touchait la voûte, puis, en cercle autour de lui, cent néréides sur des dauphins... Autour du temple, à l'extérieur, se dressaient les statues d'or de toutes les princesses et de tous les princes qui descendaient des dix rois et beaucoup d'autres grandes statues dédiées par les rois et les particuliers, soit de la ville même, soit des pays du dehors soumis à leur autorité. »

Une civilisation affichant une telle splendeur et une volonté de conquête aussi arrogante devait inéluctablement connaître de vives guerres intestines. On assista bientôt aux premiers incidents, puis aux premières luttes armées entre humains.

Deux partis se disputaient désormais le contrôle du royaume : les Fils de Bélial et les fils de l'Un. Les premiers étaient polythéistes, les seconds croyaient en un Dieu unique. Les monothéistes estimaient que la société atlantéenne devait continuer de se fonder sur les valeurs de la Tradition. Les Fils de Bélial, au contraire, étaient des novateurs au mauvais sens du terme, des rationalistes qui avaient oublié leur origine cosmique, divine, et qui voulaient exercer pleinement leur emprise sur le monde.

Ces rivalités n'étaient-elles pas en fait inhérentes à la nature désormais pleinement humaine des Atlantes ? C'est ce que suggère Platon lorsqu'il décrit cette décadence des esprits qui évoque étrangement la nôtre : « *Pendant de multiples générations, aussi longtemps que la nature du dieu suffit à les inspirer, les Atlantes restèrent dociles à la voix de sa législation et favorablement disposés à l'égard du fondement divin de leur mutuelle parenté... Mais quand vint à se ternir en eux, pour avoir été mélangé, et maintes fois, avec maint élément mortel, le lot qu'ils tenaient du dieu, quand prédomina chez eux le caractère humain, alors impuissants désormais à porter le poids de leur condition présente, ils perdirent toute convenance dans leur manière de se comporter et leur laideur morale se révéla aux yeux capables de voir, puisque, entre les biens les plus précieux, ils avaient perdu ceux qui sont les plus beaux.* »

Sous l'influence des Fils de Bélial, la science des Atlantes s'est peu à peu pervertie. Dans leur mégalomanie, ces apprentis sorciers ont même voulu transformer la planète et modifier en particulier son climat qui se refroidissait lentement. Dans ce but, ils ont entrepris de manipuler les forces telluriques. La Terre est en effet parcourue de faisceaux électromagnétiques, à l'instar du corps humain. Pour repérer puis agir sur ces champs de force, les Fils de Bélial ont dressé des pierres géantes. On voit encore les vestiges de ces opérations dans les fameuses pierres levées de Stonehenge ou de Carnac. Tous ces alignements mégalithiques, ainsi que les immenses lignes droites, semblables à des pistes d'atterrissage, qu'on peut découvrir à Nazca, au Pérou, avaient pour fonction d'inverser les champs magnétiques. Aujourd'hui encore, dans la mémoire collective de tous les peuples du monde, ces sites de menhirs sont considérés comme des endroits maléfiques.

Ce qui devait arriver arriva. Les manipulations des Fils de Bélial allaient provoquer l'engloutissement de l'Atlantide. L'inversion des champs magnétiques avait pour but d'obtenir un réchauffement du climat, elle eut en fait pour première conséquence une modification de l'axe de rotation de la Terre qui entraîna de terribles secousses sismiques.

Ce « déplacement d'axe » trouve d'ailleurs un curieux écho dans une légende des Indiens hopis, une tribu amérindienne qui raconte que les pôles

Sud et Nord étaient gardés par deux jumeaux, et que lorsque le Créateur voulut détruire le monde pour faire place à un autre, il se contenta d'ordonner aux deux gardiens d'abandonner leur poste...

Cela dit, les Fils de Bélial avaient réussi au-delà de leurs espérances ! Un réchauffement général de la planète se fit sentir, et des fontes de glaces massives allèrent grossir les raz de marée provoqués par le choc tellurique. Les Fils de Bélial venaient de condamner l'Atlantide à la destruction.

Cela se passait il y a douze mille ans environ, c'est-à-dire au moment de la transition entre l'ère de la Vierge, signe d'organisation, et l'ère du Lion, signe de la puissance de la nature. Cela se passait il y a douze mille ans environ, date à laquelle on situe de manière scientifique le Déluge biblique...

Dans la Genèse, chapitre 6, il est écrit : « *Yahvé vit que la méchanceté de l'homme était grande sur la terre et que son cœur ne formait que de mauvais desseins à longueur de journée... Yahvé dit : "Je vais effacer de la surface du sol les hommes que j'ai créés... Je vais amener le déluge, les eaux, sur la terre, pour exterminer de dessous le ciel toute chair ayant souffle de vie : tout ce qui est sur la terre doit périr..."* »

Beaucoup ont voulu voir dans cette noyade universelle un simple mythe servant à illustrer la colère de Dieu face aux transgressions de ses lois par les hommes. Aujourd'hui, on sait pourtant avec certitude que le Déluge a bien eu lieu et on est même capable de dire quand. Les fouilles d'Ur, en Chaldée (aujourd'hui en Irak), par exemple, ont permis aux archéologues de constater la présence d'une couche de limon épaisse de plusieurs mètres, résultat d'alluvions et de sédimentation marines. Après examen au Carbone 14, les céramiques retrouvées immédiatement sous cette couche ont livré assez précisément la date de cette gigantesque inondation : elle s'est produite il y a quelque douze mille ans.

Les géologues, pour leur part, ont pu établir que la dernière glaciation a commencé il y a environ quatre-vingts mille ans, soit à l'époque où débutait la civilisation atlante. Cette glaciation, dite de Wurm, connut plusieurs poussées de froid. La dernière, située il y a quelque treize mille ans, fut aussi la plus prononcée. Fut-ce celle qui inquiéta tant les Fils de Bélial ? De gigantesques glaciers se formèrent, entraînant l'abaissement du niveau marin d'environ cent cinquante mètres. Le visage de la planète était alors très différent de ce qu'il est aujourd'hui : imagine-t-on que la France, l'Angleterre, l'Irlande et la Scandinavie formaient une vaste étendue homogène ; que le Rhin trouvait son embouchure quelque part en Norvège ; que les îles de la mer Égée étaient soudées à la Grèce ; que Saint-Malo, La Rochelle ou Lisbonne se trouvaient à deux cents kilomètres à l'intérieur des terres ?

Face à elles, au milieu de l'océan, émergeait l'île Atlantide, alors au faîte de sa puissance colonisatrice. Les Atlantes avaient établi des ports à l'est, sur la côte d'Espagne et d'Afrique, mais aussi à l'ouest, sur ces îles Caraïbes qui n'étaient alors séparées entre elles que par de minces bras de mer... Mais les villes et les peuplements humains très anciens qui avaient naturellement élu domicile sur ces régions côtières doivent aujourd'hui être cherchés sous la mer, comme à Bimini.

Or, cette dernière période de la glaciation de Wurm fut suivie par un fort réchauffement du climat, il y a douze mille ans. Fut-il provoqué comme je l'avance par une inclinaison de l'axe de la Terre ? Quoi qu'il en soit, les géologues s'accordent pour dire que ce réchauffement fut extrêmement rapide, un véritable éclair à l'échelle géologique. La fonte des glaces s'accompagna d'une forte évaporation, et donc de pluies abondantes. La remontée des eaux marines, le gonflement des fleuves auquel vint s'ajouter le mouvement des plaques tectoniques, tout cela déchaîna une formidable activité hydraulique. Glissements de terrains, effondrements côtiers, coulées de boue et inondations détruisirent des villages, des régions, voire des civilisations entières. C'est ce cataclysme énorme, cette catastrophe inouïe qui a subsisté dans le récit biblique du Déluge...

Et pas seulement dans la Bible ! Peu de thèmes sont aussi universels que celui du Déluge. Il est vrai qu'une submersion d'une telle ampleur devait nécessairement transparaître dans toutes les civilisations. On en trouve le souvenir dans les livres sacrés de l'Inde, mais aussi dans les vieux récits chinois ou océaniens comme dans les légendes africaines.

La Bible, d'ailleurs, ne se serait-elle pas inspirée de textes plus anciens ? La première narration écrite du Déluge figure sur des tablettes sumériennes, découvertes lors de la mise au jour des ruines de la ville de Nippur, en Irak. Ces tablettes racontent comment les dieux ont pris la décision de détruire l'humanité : pendant sept jours et sept nuits, ils ont déchaîné l'eau et le vent avec une violence terrible. Plus tard, ce texte sera la source de la version babylonienne du Déluge, telle qu'on peut la lire dans *l'Épopée de Gilgamesh*. En Inde, en Mésopotamie ou en Grèce, toutes les civilisations anciennes ont gardé la mémoire de ce Déluge qui « mit fin à l'humanité ».

Ou plutôt qui balaya une civilisation. Car l'humanité survécut. On le sait, un homme au moins – ou un groupe d'individus – échappa à la noyade. Selon les traditions, cet homme prendra des noms divers. Pour les Sumériens, il est Ziusudra, pour les Babyloniens Um-Napishtim. Manou pour les Indiens. Les Grecs l'appellent Deucalion. Pour la Bible enfin, ce survivant, c'est bien sûr Noé.

Quelque nom qu'on lui donne, cet homme fut averti de l'imminence du Déluge par Dieu, qui lui donna toutes instructions pour construire le grand vaisseau grâce auquel il devait échapper à l'ouverture des écluses divines (Genèse, chapitre 7, versets 1 à 3). *« Tu entreras dans l'arche, toi et tes fils, ta femme et les fils de ta femme avec toi. De tout ce qui vit, de tout ce qui est chair, tu feras entrer dans l'arche deux de chaque espèce pour les garder en vie avec toi ; qu'il y ait un mâle et une femelle. »*

Inutile, me semble-t-il, de s'appesantir sur l'impossibilité matérielle d'une entreprise visant à emmagasiner sur un simple navire – même à trois étages, comme nous le précise la Genèse – tout le formidable échantillonnage de la faune et de la flore terrestre... Je crois qu'il ne faut pas ici prendre le récit biblique au pied de la lettre. J'imagine mal en effet un homme bâtissant seul, à coups de marteau et en un temps record, une grande « barcasse » – pardon pour le terme – capable de résister vaillamment au raz de marée diluvien.

Alors quelle(s) hypothèse(s) pouvons-nous formuler ? Anticipant le cataclysme provoqué par les agissements coupables des Fils de Bélial, les Élohim auraient-ils décidé de sauver un certain nombre d'habitants de l'Atlantide, mais aussi des royaumes de Thulé, de Mu et de Gondwana, en les mettant en lieu sûr ? On peut penser en effet que seuls les Grands Instructeurs avaient les moyens de mener à bien la tâche titanesque consistant à sauver l'ensemble des espèces représentées sur Terre.

Mais une autre question se pose : qu'a-t-on fait ensuite de ces spécimens humains, animaux et végétaux ? Il est possible et probable que le Déluge ait épargné certaines régions montagneuses. Les poignées de survivants auraient alors trouvé refuge dans de simples cavernes, effectuant ainsi un formidable bond en arrière. Une autre interprétation me séduit, parce qu'elle recoupe mes visions méditatives : à bord de gigantesques vaisseaux fermés – des Arches –, les Élohim auraient emmené dans les constellations de Sirius et d'Orion les compagnons de Noé, jusqu'à ce que les tribulations diluviennes se soient apaisées...

Ce qui m'incite à croire en cette intervention des Élohim, c'est une lecture gnostique de la Bible. Le nom de Noé ne me paraît pas avoir été choisi au hasard. Il est un signe. En retournant ces trois lettres, on obtient « Éon ». En grec, ce mot désigne « ce qui existe de toute éternité ». Pour les Hellènes comme pour les gnostiques, les Éons sont les puissances éternelles émanées de l'Être suprême. Ils figurent les dieux tutélaires, les énergies grâce auxquelles Dieu peut exercer son action sur le monde. À ce titre, Bouddha ou Jésus-Christ sont des Éons. Le nom de Noé nous signale qu'il serait lui aussi la manifestation terrestre d'un Éon, et non un « simple » humain. Ce qui, entre parenthèses, pourrait expliquer une certaine distance, voire l'indifférence dont fait preuve le Noé de la Genèse à l'égard du sort terrible de l'humanité...

Noé-Éon serait ainsi une entité divine venue du centre de la Galaxie, envoyé en catastrophe par les Sages de Sirius et d'Orion pour sauver ce qui pouvait être sauvé. Ceux qui trouvèrent grâce auprès de Dieu furent secourus, conduits sur une planète de transit, initiés peut-être à certaines connaissances.

Plus tard, Noé-Éon envoya sur Terre un corbeau pour s'assurer que la planète avait retrouvé son équilibre. Dans notre hypothèse légendaire, il est possible que ce corbeau n'ait pas été un oiseau, mais une sorte de mission d'investigation des Élohim avant le retour des rescapés de l'Atlantide...

Aujourd'hui, la science a repris à son compte la notion d'éons: ceux-ci désignent des éléments invisibles contenus dans la matière. En langage imagé, ils sont l'âme cachée des choses. Ainsi, on voit le dernier prix Nobel de physique estimer qu'il serait possible grâce à eux de retrouver la mémoire ancienne retenue prisonnière des céramiques. Comme un microsillon gravé, une poterie formée sur le tour du potier contiendrait des informations sur le moment de sa fabrication...

On le voit, à travers toutes ces interprétations commence à se dessiner un dénominateur commun : celui de la pérennité. Peu importe au fond que Noé ait existé ou non, peu importent les modalités du sauvetage de l'humanité après le Déluge. Ce qui compte, c'est le message transmis par le symbole Noé-Éon : à mon sens, la Bible attire notre attention sur la permanence de l'humanité, considérée non pas comme un simple assemblage d'hommes, mais comme une valeur transcendante ou un « esprit » – celui apporté par la Colombe ? Chaque être contient en lui l'ensemble de l'humanité, de « l'humanitude » disent aujourd'hui certains penseurs. Noé-Éon est le symbole de cette continuité de l'espèce humaine sur terre, continuité assurée par Dieu en dépit des cataclysmes qui peuvent frapper une civilisation pervertie.

Nous connaissons très mal ce qu'il est advenu des hommes après le Déluge, après l'anéantissement de l'Atlantide. Furent-ils mis en quarantaine dans la Galaxie jusqu'à ce que le calme règne à nouveau sur la Terre ? Quelques groupes d'Atlantes rescapés se transformèrent-ils en troglodytes ? La question reste posée.

Ce que nous savons, cependant, c'est que la civilisation suivante, celle de Sumer, date d'il y a environ six mille ans. Cela revient à dire qu'entre le Déluge et cette apparition d'une civilisation organisée post-diluvienne en Mésopotamie, il y a un trou de six millénaires ! Six mille ans pendant lesquels la Terre semble avoir été quasiment inoccupée, les hommes étant absents ou plongés dans une régression culturelle consécutive à la submersion universelle. Jamais le fil de l'histoire de l'humanité ne fut aussi ténu que durant cette période de ténèbres.

L'archéologie semble bien confirmer cette longue parenthèse dans le développement humain. Ainsi, on sait que les Magdaléniens, implantés des Alpes aux montagnes Cantabriques en Espagne, ont connu leur apogée entre 15 000 avant J.-C. et l'époque approximative du Déluge. Les peintures de Lascaux et d'Altamira, près de Santander – la ville de mon grand-père maternel –, sont un témoignage évident de leur imagination fertile ainsi que de la finesse de leur inspiration. Il suffit de contempler les extraordinaires polychromies d'Altamira pour se convaincre du génie pictural des Magdaléniens. Une telle explosion de créativité serait sans doute un des faits les plus étonnants de notre histoire si on ne se souvenait pas que les auteurs de ces peintures furent les voisins de l'Atlantide. Ne tirèrent-ils pas leurs techniques picturales de la fréquentation des colonies atlantes ?

Mais les Magdaléniens ont soudain disparu, emportés sans doute par le même cataclysme qui a eu raison de l'Atlantide. La splendeur de leur art ne trouvera d'équivalent que sept mille ans plus tard, dans l'ancien empire égyptien.

Six millénaires... Trois « mois » de l'année précessionnelle... C'est ce que dura le long silence de l'humanité, couvrant ainsi les trois ères zodiacales du Lion, du Cancer et des Gémeaux. De façon significative, cette triade correspond à la période mythologique de Kronos, qui est celle d'un arrêt dans l'évolution à des fins de remise en ordre, et celle qui précède l'émergence d'une véritable conscience de soi.

« L'Histoire commence à Sumer », nous disent les historiens. C'est à la fois vrai et faux. Vrai si l'on considère qu'à partir de Sumer, nous pouvons suivre pas à pas le processus humain tout au long de cette nouvelle triade – ères du Taureau, du Bélier et des Poissons. Faux si l'on se souvient des royaumes antédiluviens...

Quoi qu'il en soit, après six mille ans d'absence ou de lente récupération, les hommes sont soudain revenus – ont réapparu ? – à Sumer en Mésopotamie, en Chine, en Égypte et en Amérique. Comment ne pas s'étonner de la soudaine émergence de ces civilisations organisées ? Tout d'un coup, semble-t-il, on voit les Sumériens « découvrir » – redécouvrir ? – cette irrigation que Platon nous décrivait comme une conquête atlante, mais aussi la céramique, la polychromie, la fonte et l'usage de métaux tels que le cuivre, le bronze, l'argent et l'or... Sumer nous fournit également les premiers exemples d'écriture dont nous disposions, gravés sur des tablettes d'argile.

L'éclosion soudaine d'une telle civilisation avancée ne va pas sans poser de questions. On pourrait en dire autant de l'ancienne Égypte. Voilà un peuple de bergers transhumants qui se fixe dans la vallée du Nil. Et presque instantanément surgit du néant une civilisation brillante, sans aucune référence, mais témoignant d'un raffinement artistique que nous envions encore. Certains meubles du trésor de Toutânkhamon s'enorgueillissent d'une technique d'orfèvrerie que nous serions bien en peine d'imiter. Comment une civilisation aussi riche aurait-elle pu surgir aussi vite, *ex nihilo* ?

En l'absence de toute protohistoire, il est difficile de ne pas songer à un apport étranger. Comment ne pas être tenté de formuler l'hypothèse d'une renaissance, en Égypte comme à Sumer, d'un savoir atlante ? Celui-ci a peut-être été apporté par la vague de migration des rescapés du Déluge, qui se sont peu à peu fondus dans les populations locales, plus primitives. L'historien Diodore de Sicile écrit : « Les Égyptiens étaient des étrangers qui, à une époque lointaine, s'établirent sur les rives du Nil, amenant avec eux la civilisation de leur mère patrie, l'art de l'écriture et un langage évolué. Ils venaient de la direction du soleil couchant et étaient les hommes les plus anciens. »

Il est possible également que les Atlantes, colonisateurs insatiables et grands voyageurs, aient laissé à proximité du Nil et de l'Euphrate des dépôts contenant la somme de leur savoir. Aujourd'hui, l'homme moderne envoie bien aux confins de l'espace des sondes dans lesquelles est concentrée sur bandes informatiques toute l'étendue des réalisations humaines. Pourquoi ne pas imaginer que les Atlantes en aient fait autant avant nous, afin que puisse redémarrer une civilisation influencée par leurs propres découvertes ?

La statue du Sphinx pourrait bien être ce réceptacle de la Tradition. On sait que son origine et la datation de sa construction restent sujettes à controverse. Certains vont jusqu'à affirmer que cette statue colossale, si conforme aux réalisations atlantes, aurait été construite avant le Déluge. Les traces d'érosion que l'on voit nettement sous la tête du Sphinx seraient dans ce cas la marque du niveau extrême de la montée des eaux. Cet animal indestructible et si énigmatique n'abritait-il pas dans ses entrailles les acquis de la science atlante ?

Les habitants de la vallée du Nil auraient ainsi pu avoir accès à un savoir d'une extrême profondeur qui aurait donné naissance à une culture foisonnante de symboles, capable de s'exprimer dans un langage codé. En même temps apparaissait la caste si mystérieuse des prêtres et savants égyptiens, ces grands initiés. Initiés à quoi, sinon à la Connaissance atlante ? Les Égyptiens n'allaient-ils pas jusqu'à conférer des pouvoirs divins au grand architecte Imhotep, ministre du pharaon Djoser ?

On sait aujourd'hui que les pyramides de Guizeh ne sont pas de simples tombeaux pharaoniques mais de véritables « livres de pierre » : leurs positions, les rapports qu'entretiennent leurs mesures sont le témoignage irréfutable des étonnantes connaissances astronomiques et mathématiques des Égyptiens. Quant aux Sumériens, ils utilisaient déjà le nombre zéro, ce qui leur permettait d'effectuer des calculs cosmiques... Les astronomes babyloniens, quant à eux, connaissaient l'existence de la grande année précessionnelle qu'ils avaient calculée avec une remarquable précision.

Ces civilisations anciennes connaissaient également l'existence de constellations invisibles à l'œil nu et qui ne seront « découvertes » qu'au XVIIe, voire au XIXe siècle, grâce au télescope ! D'où détenaient-elles ce savoir ? N'est-ce pas là le legs des Hommes Rouges, et en remontant plus loin, des Élohim ?

Par l'intermédiaire de Moïse, la culture hébraïque puis chrétienne bénéficia de cet héritage atlante. Trouvé au milieu des joncs sur les rives du Nil, l'enfant Moïse fut recueilli par la fille du Pharaon et, nous dit l'Acte des Apôtres, « instruit dans toute la sagesse des Égyptiens ».

L'extraordinaire prolixité de la Grèce antique en savants de toute espèce puisera aussi sa source sur les bords du Nil. Thalès de Millet étudia auprès de prêtres égyptiens puis revint dans son pays enseigner – bien avant Copernic et Kepler – que la Terre était ronde, chose que savaient déjà les Mésopotamiens. Pythagore rapporta également d'Égypte sa science des nombres et des mouvements astraux...

On pourrait multiplier les exemples à l'infini. Rappelons simplement que c'est aussi en Égypte que le sage Solon effectua son pèlerinage d'études. C'est là qu'il s'entendit raconter l'histoire de l'Atlantide. Comme il s'étonnait des sources de ses instructeurs, ceux-ci lui répondirent : « *Tout cela est écrit de longue date, ici dans nos temples, et sauvé de l'oubli...* »

Je voudrais pour conclure confier une expérience personnelle que les lecteurs de *Trajectoire* admettront sans doute plus volontiers que les autres. Ils savent en effet la nature des liens qui m'unissent à la Terre : lorsque je voyage à l'étranger, je reçois des vibrations positives ou négatives, comme si le sol voulait m'accueillir ou m'avertir. Il est des pays où je me sens de « retour » sur une terre qui fut autrefois, dans une vie antérieure, ma patrie. On se souvient ainsi quelles sensations de familiarité j'ai ressenties lors d'un séjour en Égypte. Des souvenirs anciens, d'abord de simples images, puis des reconstitutions fidèles, m'ont convaincu que j'avais autrefois vécu dans cette Vallée des Rois...

J'ai effectué mon premier voyage « actuel » en Égypte quelque temps après la guerre des Six Jours. Le président Nasser était encore en froid avec la France – qui avait soutenu Israël –, mais on parlait de réconciliation. Pour marquer le retour à des relations normales, l'idée est venue d'organiser un défilé de mode au pied des Pyramides. Mais afin de ne pas froisser les susceptibilités, les organisateurs ne voulaient pas d'un couturier trop typiquement français. Le choix s'est alors porté sur un couturier un peu à part :

Paco Rabanne. J'ai donc eu la chance de sceller les « retrouvailles » franco-égyptiennes en présentant ma dernière collection du moment devant le Sphinx de Guizeh.

Après le défilé, ému par l'extraordinaire beauté du site qui se trouvait accentuée par la lumière irréelle de la lune, j'ai gravi seul le petit raidillon qui court le long de la patte gauche du Sphinx. Mes regards étaient tournés vers l'impressionnante silhouette de la pyramide de Khéops, et je rêvais aux secrets qu'elle renfermait dans ses labyrinthes. Brusquement, mû par une sorte d'appel intérieur, je me suis retourné vers le Sphinx, dont le profil sombre se dessinait en contre-jour de la lune.

Je restai pétrifié. La statue m'apparaissait en image holographique, c'est-à-dire que la masse noire de la pierre était soulignée par un voile translucide qui épousait ses contours originaux. Ce que je voyais, c'était le Sphinx intact, tel qu'il se présentait au moment de sa construction. Je découvrais avec étonnement que la statue était en couleurs : le visage était peint en rouge, la coiffe en blanc et bleu.

Alors j'entendis le Sphinx me parler. Il m'expliquait qu'il était le symbole de l'œuvre alchimique qui se fixe pour but d'épurer sa condition animale pour atteindre le divin. Le Sphinx possède un corps de lion, il est allongé sur le sol, comme ancré dans la matérialité terrestre, mais son visage est humain, son regard est tourné vers une vérité certes mystérieuse mais dont on peut voir qu'elle lui apporte une sérénité totale. En contemplant le soleil, il devient lui-même un dieu.

Tandis que je m'imprégnais lentement de ces révélations, je crus voir la pierre perdre peu à peu de son opacité. Dans la patte droite du Sphinx, un passage, un escalier dérobé m'apparut. Il menait à une cavité où sont enfermés tous les secrets atlantes. Dans cette chambre se trouve la preuve définitive qu'une civilisation antédiluvienne, disposant d'une écriture, mais aussi de machines complexes et d'une science évoluée, a autrefois existé sur la Terre.

Mais bientôt la pierre s'est à nouveau opacifiée, la pièce secrète et l'escalier ont disparu. « Lorsque mon visage sera remodelé, ces trésors seront découverts », me souffla encore le Sphinx.

Aujourd'hui, des travaux de restauration du visage sont entrepris. Et dernièrement, j'ai appris que la patte droite de la gigantesque statue était ensevelie sous un enchevêtrement d'échafaudages. Son abord même est interdit au public. Des fouilles auraient-elles commencé sous cette patte ?

Ce savoir des Atlantes, qui fut la source d'une des plus grandes civilisations humaines, mais qui, manipulé à de mauvaises fins par les Fils de Bélial, fut aussi la cause de sa perte, ce savoir va peut-être bientôt revoir le jour. Est-ce parce qu'il doit être révélé à quelques élus pour être transmis ? À l'instar des Fils de Bélial, en effet, l'homme moderne a depuis quelques décennies trouvé le moyen de modifier – par l'énergie atomique – l'axe de la Terre. Cela n'est qu'une hypothèse mais, en pareil cas, d'immenses cataclysmes sont à prévoir et les rescapés de cette « fin d'un monde » devront à leur tour aller cacher ailleurs les secrets du savoir atlante qui ne seraient plus en sécurité en Égypte.

L'emplacement du Sphinx et des pyramides a été choisi, en effet, pour son extraordinaire stabilité. Ces monuments se devaient d'être sur un secteur géologique à l'abri de tout séisme. Ainsi le secret des Atlantes serait bien gardé.

Pourtant, il s'est produit en 1992 un événement à mes yeux très alarmant : pour la première fois, un tremblement de terre a eu pour épicentre la pyramide de Khéops. Je crains qu'il ne faille voir là un signe de très mauvais augure.

Comme les Fils de Bélial, sommes-nous allés trop loin dans la mauvaise utilisation de notre intelligence novatrice ? Nous sommes-nous écartés du divin au point que celui-ci vienne nous rappeler à l'ordre dans ce lieu de sauvegarde du savoir humain ?

Tout se passe comme si les êtres humains, parvenus à un certain stade d'évolution, devaient être condamnés à une destruction, sous forme de déluge ou d'autre cataclysme. Les dieux seraient-ils jaloux de l'ascension des hommes ?

Science sans conscience n'est que ruine de l'âme.

RABELAIS

CHAPITRE QUATRIÈME

LA CONNAISSANCE DÉVOYÉE

Gardienne de la Connaissance, l'ancienne Égypte en réservait prudemment l'accès à quelques rares élus. Était-ce parce que, déjà, elle mesurait les risques d'une exploitation négative ? Depuis lors, et pendant des millénaires, les initiés ont souvent été obligés de s'envelopper d'un hermétisme protecteur afin d'interdire la diffusion d'un savoir dont ils pressentaient que, mis entre de mauvaises mains, il pouvait mener aux pires catastrophes. La lumière fut ainsi mise sous le boisseau. L'Évangile selon saint Matthieu lui-même (chapitre 7, verset 6) nous met en garde : « *Ne jetez pas vos perles aux porcs, de crainte qu'ils ne les piétinent, puis se retournent contre vous pour vous déchirer.* »

L'évolution de notre monde contemporain semble malheureusement donner raison à toutes ces inquiétudes : parce qu'elle s'est faite l'instrument d'une froide technocratie, l'intelligence humaine porte une lourde responsabilité dans la situation de crise que nous vivons. Ne s'est-elle pas, par exemple, mise trop souvent au service de la destruction massive ? Des noms comme Hiroshima et Tchernobyl ont jeté la science dans un terrible discrédit. S'en remettra-t-elle jamais ? Aujourd'hui, au vu des dégâts causés, le public continue de la considérer avec une certaine défiance.

Attaquer ainsi les scientifiques me paraît cependant léger. Je doute qu'ils aient jamais œuvré dans le secret de leur bibliothèque ou de leur laboratoire pour la perte de l'humanité. Mais ont-ils toujours mesuré l'utilisation diabolique que l'on pourrait faire de leurs inventions ? Ils se contentaient d'aller plus loin dans la compréhension des lois de l'univers, et de transmettre leurs découvertes. Seulement, les héritiers de ces découvertes en ont souvent imaginé un usage pervers. Et devant les catastrophes qui se sont ensuivies – ou qui menacent encore de s'ensuivre –, on a parfois tendance à crier haro sur la science, et non sur la façon dont on la détourne de ses intentions premières. Quand on critique ainsi à tort et à travers le « progrès », ce n'est pas lui en fait qu'on incrimine, mais un anti-progrès qui réside dans ce détournement du savoir.

Ce contresens n'est pas nouveau. Depuis l'aube des civilisations, les hommes se sont plu à penser que par une volonté de puissance jalouse, les dieux ou le Dieu unique avaient tendance à prendre ombrage de leur désir de s'instruire. De nombreux mythes reflètent cette croyance selon laquelle les divinités hésitent à remettre aux humains les clés de la Connaissance, de peur que ceux-ci n'en viennent un jour à rivaliser avec elles.

J'ai bien du mal à croire à semblable mesquinerie de la part du Créateur, mais les exemples légendaires ne manquent pas à l'appui de cette thèse on ne peut plus romanesque. Selon celle-ci, l'homme n'aurait jamais reçu le Savoir comme un cadeau du Ciel : il aurait été contraint de se l'accaparer par vol et par ruse, châtiment terrible à l'avenant.

N'est-ce pas déjà ce que nous dit la légende sumérienne ? Enki, le dieu de la sagesse, refusait obstinément de livrer à l'humanité les secrets nécessaires au développement de la civilisation. De son côté, la déesse du Ciel, Inanna, prit fait et cause pour les humains, qu'elle se désolait de voir croupir dans leur marasme primitif. Elle se rendit alors chez le dieu Enki, lequel, en hommage à sa beauté, lui offrit un somptueux festin. Sous le charme de son invitée, l'hôte but en abondance : l'ivresse aidant, il remit bientôt à Inanna les secrets divins. Lorsqu'il eut repris ses esprits, et réalisé qu'il avait été berné, Enki remua ciel et terre pour empêcher Inanna de parvenir à ses fins. Mais la déesse échappa à toutes les embûches et révéla aux hommes les arcanes des techniques fondatrices de la civilisation. L'impulsion première était donnée. Il n'en demeure pas moins qu'il avait fallu pour cela tromper la vigilance du dieu de la sagesse...

N'est-ce pas aussi en se rendant coupable d'un vol qualifié que le célèbre Prométhée put apporter le feu aux hommes ? On ne sait plus très bien s'il alla le chercher sur la roue du soleil ou dans les forges d'Héphaïstos, mais ce qui est certain, c'est qu'il accomplit cet acte sans l'autorisation des dieux, lesquels se réservaient l'entière jouissance du feu. Lorsque Zeus s'aperçut de cette perfidie, il fut sans pitié pour Prométhée, qui se vit enchaîner sur une colonne et condamner à se faire éternellement dévorer le foie par un aigle ! La leçon semblait claire...

Elle n'en reparaît pas moins dans la tradition chrétienne où l'on voit Lucifer jouer ce rôle prométhéen. Son nom, qui a aujourd'hui si mauvaise réputation, signifie en fait « Celui qui porte la lumière » (par opposition à Méphistophélès, « Celui qui hait la lumière »). Lucifer était à l'origine un ange entièrement dévoué à Dieu. Pourtant, par amour de la Création, mais aussi peut-être par orgueil, il porta le flambeau de la Connaissance à une humanité encore plongée dans les ténèbres de l'ignorance. Lucifer fut sévèrement puni, puisque Dieu fit de lui un ange déchu, rejeté du côté des forces sataniques...

Une première lecture de ces mythes et textes sacrés nous incite, certes, à voir dans l'essor des civilisations et de la science une révolte des hommes contre leurs Créateurs. Pourtant, je crois que l'affaire n'est pas aussi simple. Ce que tous ces récits mettent en cause, c'est moins le désir de Connaissance des hommes – après tout légitime – que leur ambition affichée – et combien dangereuse – de se prendre pour des dieux. N'est-ce pas à cette ivresse de toute-puissance que les civilisations disparues ont dû leur perte ?

Car lorsqu'il s'est enfin muni de la Connaissance, dont il n'a de cesse d'explorer toutes les voies, même les plus périlleuses, l'homme ne connaît plus de bornes à son orgueil et se persuade qu'il peut seul dominer le monde. Mythe ou réalité, l'anéantissement de l'Atlantide illustre de façon dramatique ce processus fatal : oubliant et niant leur dépendance divine, les Fils de Bélial ont voulu soumettre la planète à leur bon plaisir. Ils se sont alors exposés à une terrible riposte des Cieux.

Toutes les civilisations « perdues » ne l'ont pas été par l'engloutissement d'un continent, certes. Mais toutes n'ont-elles pas également péché par vanité ou par lascivité, c'est-à-dire par une perte progressive de leur lien avec le divin ? Il en fut ainsi de Rome, qui, après avoir dominé le monde méditerranéen, a sombré dans la corruption morale et politique. Les grands empires coloniaux, qu'ils soient portugais, français ou britanniques, ont eux aussi été victimes de leur arrogance et de leur appétit démesuré. Tous avaient cru voir la preuve de leur supériorité dans ce qui n'était qu'une hégémonie temporaire.

Ces puissances s'étaient mis en tête que le monde leur appartenait et qu'elles pouvaient se l'approprier sans vergogne : cette présomption devait les condamner à un déclin plus ou moins brutal.

Brutale, la chute de l'empire soviétique le fut incontestablement. Comme pour mieux nous rappeler qu'en ces Temps réduits, nos erreurs sont sanctionnées avec une rapidité accrue. L'Union soviétique, ce vaste glacis que l'on croyait impossible à briser, s'est soudain désagrégée sous nos yeux. N'est-ce pas le meilleur exemple de la progressive perversion des civilisations ? Fondé sur un principe admirable – l'égalité des hommes –, le communisme a conduit à la plus absurde des dictatures et au plus apostat des systèmes.

L'homme n'est pas victime des progrès de son savoir mais de la vanité avec laquelle il les emploie. C'est d'ailleurs ce que nous suggère un autre mythe célèbre, celui de Babel. Les hommes s'étant mis en tête de construire une tour assez haute pour pénétrer les Cieux, Dieu s'irrita de ce projet et réduisit leurs efforts à néant. On comprend aisément que ce qui est reproché aux humains, dans ce mythe, ce n'est pas leur faculté d'assembler des briques avec du bitume pour édifier une tour ! La faute des bâtisseurs de Babel, c'est de n'avoir compté que sur eux-mêmes pour s'imposer sur Terre et forcer la Porte du Ciel. « Faisons-nous un nom ! » clamaient-ils avec outrecuidance. En voulant s'affirmer ainsi, ils oubliaient leur soumission à la puissance divine, la nécessité de respecter une éthique, à moins que ce ne soit la plus élémentaire prudence.

La science et la technique ne devaient être pour les hommes que des moyens d'adaptation au monde : ils ont voulu en faire des instruments de conquête. Rien de mal à s'élever vers le Ciel – c'est au contraire le sens de notre vie – à condition toutefois de ne pas considérer cette ascension comme un défi, mais comme un désir de fusion dans le Tout...

Certains exégètes ont souvent voulu voir dans la pomme croquée par Adam et Ève le symbole de la Connaissance. Ce fruit défendu aurait provoqué leur chute. Pour ma part, je me suis toujours méfié de cette confusion qu'une certaine Église s'est ingéniée à entretenir entre la simple curiosité humaine et l'orgueil satanique d'une créature voulant outrepasser ses limites. D'autant que ce péché originel était – comme par hasard – attribué à la femme puisque c'est Ève qui mangea le fruit la première. En ce qui me concerne, je ne crois pas un seul instant que Dieu ait eu pour projet de maintenir l'homme dans l'ignorance. Quel genre d'épreuve serait-ce là : proposer à Adam et Ève le fruit de la Connaissance et espérer qu'ils s'en priveraient ? C'est absurde.

Selon moi, la pomme devait représenter plutôt les bas instincts de l'homme, ces désirs les plus vils qui l'attirent vers la matérialité et non vers le spirituel. Sans doute les deux premiers êtres de la création avaient-ils été avertis des dangers qu'ils pouvaient encourir à croquer le mal à pleines dents. Et sans doute le libre arbitre dont nous disposons aujourd'hui existait-il déjà au paradis terrestre. Ève et Adam ne résistèrent pas... Par la suite, de la même manière, pour chacune de ses actions, l'homme sera confronté à la nécessité de choisir entre ces deux voies différentes qui s'offrent sans cesse à lui : le bien satisfaisant, d'une part, et les périlleuses gourmandises du mal, de l'autre. Il en sera de même avec la science, qu'il pourra toujours faire basculer d'un côté ou de l'autre, pour le meilleur... ou pour le pire.

Dans la légende prométhéenne, par exemple, le feu est un symbole ambigu : il peut représenter la chaleur apprivoisée, mais il peut aussi devenir la foudre meurtrière. Or, comme l'écrit Jacob Boehm dans son *Mysterium Magnum* : « Le feu est douloureux, tandis que la lumière est aimable, douce et féconde. »

Voilà qui nous prouve que les mythes ne condamnent pas en soi la Connaissance et l'intelligence humaine, mais qu'ils nous mettent en garde contre leur ambivalence. Les interdits divins n'étaient d'ailleurs pas si formels que cela : les dieux n'ont-ils pas plus ou moins fermé les yeux sur le vol du feu ? Prométhée ne fut-il pas finalement délivré de son terrible sort par Hercule ? Par la suite, après la mort du Centaure,

Prométhée accédera même à l'immortalité. La punition qu'il a subie reste toutefois un avertissement sur la responsabilité des hommes dans l'utilisation qu'ils feront des révélations dont ils auront été les bénéficiaires...

Dans ce domaine, le tableau de notre civilisation contemporaine est loin d'être glorieux. Les hommes ont dévié le savoir, ils en ont oublié la dimension spirituelle. En cette fin du Kali-Yuga, la science et surtout la technologie se sont éloignées de leur source divine. On se souvient de la phrase de Descartes appelant l'homme à se rendre « maître et possesseur de la nature ». Il opérait par là même une catastrophique fracture entre le moi pensant et le monde considéré comme objet extérieur, simple matière à expériences. La Nature devenait un vaste champ d'action pour les expérimentateurs qui s'en donnèrent à cœur joie.

Ce fut le point de départ d'une exploitation du monde dont on a vu plus haut les résultats : saccage de l'environnement, pollution chimique, déforestation, effet de serre... Le bilan est catastrophique. La responsabilité en incombe à cette scission qu'une science dévoyée a cru, pendant un certain temps, pouvoir établir entre l'Homme et la Nature. Aujourd'hui, nous commençons seulement à comprendre à quel point nous avons fait fausse route. Pauvres imbéciles ! Nous avions oublié que l'univers était un tout et que nous en étions partie prenante : soumettre la Nature, c'était nous asservir nous-mêmes...

Certains peuples que nous disons « primitifs » le savaient mieux que nous. Ainsi, en 1855, devant le président américain, le chef des Indiens de la tribu Duwarish prononça ce discours émouvant, alors que les siens s'apprêtaient à gagner la réserve exiguë qui leur était allouée : « *Chaque partie de cette terre est sacrée pour mon peuple, chaque aiguille de pin, chaque plage sablonneuse, chaque nuage dans les forêts sombres. Nous sommes une partie de la terre et elle est une partie de nous. Les fleurs odorantes sont nos sœurs, l'écureuil, le cheval, le grand aigle sont nos frères. La Terre est notre mère. Celui qui l'attaque, attaque aussi les fils de la terre. Lorsque des gens crachent sur la terre, ils crachent aussi sur eux-mêmes. Car cela, nous le savons, n'appartient pas à l'homme, l'homme appartient à la terre que l'homme rouge aime comme le nouveau-né aime les battements du cœur de sa mère.* »

Loin de moi cependant l'intention d'entraîner le lecteur dans une entreprise de dénigrement généralisé de la science. Chacun sait tout ce que nous devons au progrès scientifique depuis quelques siècles, dans notre confort quotidien, dans notre lutte contre la souffrance et dans notre compréhension du monde. Et lorsque nous venons à tomber malades, nous faisons tous comme Socrate : nous préférons appeler le médecin plutôt que « le second en toutes choses », le philosophe.

Pourtant, je suis inquiet... Et l'on serait en droit de se demander si je ne me montre pas un peu « rétrograde », si je ne fais pas toute une montagne de quelques découvertes scientifiques dont il n'y a peut-être pas lieu de s'effrayer. Je crains soudain de faire songer à certains grincheux du XIXe siècle, qui s'opposaient farouchement aux chemins de fer sous des prétextes ridicules : la vitesse infernale des trains abrutissait les passagers qui, exposés au vent, avalaient en outre tous les miasmes de la terre, quand ils n'attrapaient pas des fluxions de poitrine en traversant les tunnels... Le jour où un homme un peu habile inventa la roue, j'imagine qu'il se trouva quelque vieux fou pour prédire que la fin de l'humanité était proche. Alors, pourquoi ne pas continuer de faire confiance au progrès ?

À cela, on pourrait opposer les désastres écologiques dont nous avons parlé. Mais ce ne serait pas suffisant. Si je m'inquiète des possibles dévoiements de la science, c'est que celle-ci se trouve à l'aube d'un bouleversement sans précédent. Jusqu'à présent, les progrès techniques restaient dans le domaine de l'innovation : l'outil inventé décuplait la force de l'homme, il n'en demeurait pas moins un prolongement mécanique de son bras. Ce à quoi nous assistons à présent, c'est à une véritable mutation, symptomatique du passage d'une ère zodiacale à une autre. Les outils ne sont plus seulement nos dociles serviteurs, ils sont en train de nous dépasser. L'ordinateur ne se contente pas de calculer plus vite que l'esprit humain, il effectue des calculs dont l'homme n'est pas capable. Bientôt, les molécules biochimiques se substitueront au silicium et au gallium des composants électroniques, leur capacité de stockage de l'information se rapprochant alors de celle de la cellule vivante. Nous sommes à la veille de ce que les spécialistes appellent la quatrième génération de robots, c'est-à-dire des machines « intelligentes », capables de capter les informations de leur environnement pour réagir en conséquence.

Sommes-nous en mesure d'envisager toutes les repercussions d'une telle mutation ? Devenu un véritable démiurge, l'homme ne sera-t-il pas victime de ses propres créations ? Quoi qu'il en soit, et devant les potentialités inouïes de la recherche, nous avons plus que jamais besoin de nous assurer que les scientifiques placent leur discipline sous le contrôle d'une véritable éthique, ou, plus simplement, d'un sens des responsabilités.

Tout est affaire d'équilibre et de mesure. C'est ce que semblait dire le grand savant Dédale à son fils Icare, alors que celui-ci s'apprêtait à s'envoler, des ailes fixées sur ses épaules avec de la cire. « *Ne vole pas trop bas,* lui dit son inventeur de père, *car tes ailes ne te soutiendraient pas. Ne vole pas trop haut non plus, car la chaleur du soleil ferait fondre la cire.* » Mais grisé par l'altitude, Icare s'éleva toujours plus haut, comme pour se mêler aux dieux : le soleil fit fondre la cire, et l'orgueilleux s'abîma dans la mer.

Au point où nous en sommes arrivés, ce n'est pas faire de l'antirationalisme primaire que de dire que la science moderne a – aussi – les moyens de nous conduire à l'abîme. À nous tous de rester vigilants... si toutefois cela peut suffire...

Qui connaît Goiania, par exemple ? Presque personne. Il y a quelques années, pourtant, cette ville du Brésil fut le théâtre d'un fait divers ou plutôt d'un drame qui peut nous apparaître comme une sorte de parabole sur les dangers du feu prométhéen. Dans un laboratoire médical laissé en quasi-abandon, un ferrailleur récupère une machine utilisée pour le traitement du cancer. En la démontant, il trouve un gros cylindre de plomb qu'il ouvre à grands coups de marteau. Ce cylindre contient une jolie poudre bleutée, légèrement phosphorescente. Il en distribue à ses enfants, puis à des voisins intrigués.

Cette poudre, c'était du césium 137, éminemment radioactif. La femme et les enfants du marchand de ferraille moururent quelques jours plus tard. D'autres personnes furent exposées à des taux de radiations énormes qui les condamnaient à moyenne échéance. Des centaines de gens furent atteints, plusieurs familles durent être évacuées de leur maison, que l'on dut raser. En dehors de l'ex-U.R.S.S., jamais on n'avait vu autant de dégâts dus à la radioactivité.

Voici un appareil qui avait pour fonction de soigner une maladie et qui devint responsable de la destruction d'une communauté... Peut-on imaginer meilleur exemple de cette toujours possible déviation négative de la technologie ?

Encore ne s'agit-il ici que d'une simple erreur humaine, d'un détournement fortuit. Le plus dangereux, c'est le détournement conscient et permanent de la science à des fins meurtrières.

Ainsi, la fission de l'atome n'est pas un mal en soi : bien maîtrisée – et une fois résolu l'épineux problème des déchets ! –, elle pourrait devenir une vraie solution à nos problèmes énergétiques. Mais en attendant, le dévoiement des recherches nucléaires nous fait courir des risques énormes depuis maintenant presque un demi-siècle. Une formidable épée de Damoclès est suspendue au-dessus de nos têtes. L'ensemble de l'armement nucléaire est aujourd'hui estimé par les spécialistes à quelque quinze milliards de tonnes d'équivalent TNT ! Chiffre trop gigantesque pour être vraiment appréhendé par l'esprit : cela correspond à trois tonnes d'explosif par habitant de la planète ! Quand, pour nous mettre en garde, les savants nous disent que nous sommes assis sur un baril de poudre, il ne s'agit pas d'une image mais d'une réalité physique ! Lorsqu'on distribue des armes à toute une population, un jour ou l'autre, pour une broutille, la fusillade générale finit nécessairement par éclater.

Longtemps les stratèges se sont abrités derrière la notion de « dissuasion » pour expliquer la folle course aux armements à laquelle nous avons assisté ces dernières décennies. Pour garantir sa sécurité, un pays devait persuader ses ennemis qu'il pouvait répliquer à une attaque nucléaire. Aujourd'hui, cette « dissuasion » n'est plus qu'un leurre : nous savons en effet qu'en cas d'agression nucléaire massive, ce n'est pas seulement le pays visé qui serait détruit, mais l'ensemble de la biosphère... quand bien même l'agressé n'aurait pas le loisir de riposter. Une guerre ou même un accident en chaîne ne laisserait donc que des perdants.

Enfin convaincues de l'inanité de leur folie guerrière, les grandes puissances ont entrepris un mouvement de réduction de leur armement nucléaire. Signe encourageant, certes, mais il nous reste largement de quoi envoyer la planète sur une autre orbite...

Parce qu'ils sont à la pointe des innovations, les scientifiques savent faire de la prospective et leurs déclarations sonnent parfois comme des prophéties. Espérons cependant que le grand chimiste Marcelin Berthelot se trompait lorsqu'il écrivait à la fin du XIXe siècle : « *Je prévois qu'après une centaine d'années de science physique et chimique, l'homme saura ce qu'est l'atome... Et je crois que lorsque la science aura atteint ce point, Dieu descendra sur la Terre avec son énorme trousseau de clefs et dira à l'humanité : "Messieurs, c'est la fin des Temps !"* »

Les dangers relatifs au nucléaire sont désormais relativement bien connus, même s'il aura fallu de terribles accidents pour nous ouvrir les yeux. Mais une autre menace se profile, plus sournoise. Bien qu'elle en soit encore à ses balbutiements, la génétique a de quoi faire froid dans le dos, surtout si l'on imagine l'exploitation dont elle pourrait être l'objet.

On se souvient de l'émoi causé par la « démission » soudaine d'un des plus grands spécialistes mondiaux dans ce domaine. Il avait réussi à obtenir la congélation d'embryons, ce qui en soi pouvait être considéré comme un extraordinaire succès scientifique, voire comme un espoir pour l'humanité. Pourtant, ce généticien a préféré une sorte de suicide professionnel plutôt que de poursuivre plus avant des recherches dont les retombées futures le glaçaient. Il était néanmoins conscient que sa décision personnelle, si elle pouvait servir à alerter l'opinion, ne suffirait pas à empêcher l'irrésistible progression de la génétique. Ses confrères continuent les recherches, privés de garde-fous et soumis à des intérêts économiques pervers. Quel monde nous préparent-ils dans leurs éprouvettes ? Faute de disparaître, l'humanité pourrait bien ne plus avoir le visage que nous lui connaissons, ce qui n'est pas moins effrayant...

La Nature a accompli ce véritable miracle de ne jamais produire deux êtres exactement identiques – sauf dans le cas particulier de jumeaux issus d'un même œuf. Pourtant, cette diversité infinie n'est que la variation d'une molécule unique et éternelle, l'acide désoxyribonucléique, mieux connu sous le nom d'ADN.

Cette molécule se présente sous forme d'une double spirale, à l'image de la kundalini, la force vitale qui selon les Hindous se love autour de notre colonne vertébrale. Évocation du mouvement originel, base de toute création, cette double hélice est le symbole à la fois de la fécondité et de la permanence de l'être sous son apparente mobilité. La molécule d'ADN, parce qu'elle est susceptible d'une infinité de combinaisons, est la source créatrice de tous les êtres humains ainsi que le symbole d'une permanence : celle de notre humanité.

Cette molécule, présente dans chacune des quelque cent milliards de cellules que compte le corps d'un homme adulte, a été découverte il y a seulement une quarantaine d'années. Aujourd'hui, nous sommes capables d'en sélectionner les séquences, de les modifier et de les recoller. Bientôt, nous serons en mesure de fabriquer ces clones qui font depuis longtemps déjà les délices de la science-fiction, laquelle, on le sait, est malheureusement souvent prophétique. On pourra réaliser un double biologique de n'importe quel être : il « suffira » de prélever chez lui le patrimoine génétique contenu dans le noyau d'une cellule quelconque pour l'insérer dans un ovule. L'enfant qui naîtra à la suite de cette manipulation sera l'exact jumeau du fournisseur d'ADN...

Un tel « succès » scientifique peut être exploité pour le meilleur comme pour le pire. Quelle glorieuse perspective pour l'industrie alimentaire qui pourra ainsi sélectionner les animaux les plus productifs et accroître de façon spectaculaire nos ressources ! Pour l'humanité en revanche, quelle inquiétude ! Nous dirigeons-nous vers une société qui pourra former à volonté le type d'homme dont elle a besoin ? Les riches et les puissants pourront-ils commander à la science « l'élevage » de leurs clones personnels, afin de prolonger leur vie en prélevant sur ces sosies les organes dont ils auront besoin ?

Perspective apocalyptique... De leur côté, les chercheurs voient dans les manipulations génétiques une source d'espoir : celle du repérage des maladies héréditaires, qui sont inscrites dans le code de l'ADN. Seulement, il y a une marge entre détecter une anomalie génétique et y remédier. En cas d'anomalie répertoriée, en effet, on peut craindre que la solution adoptée soit l'avortement thérapeutique et l'élimination à court terme des porteurs de gènes « anormaux ». C'est la porte ouverte à une sélection des naissances, sorte d'eugénisme social : on pourra étouffer « dans l'œuf » tous ceux qui ne présenteront pas les caractéristiques conformes aux exigences de la société. Ceux dont les maladies ou handicaps seront trop lourds à porter par le groupe, ceux dont les potentialités intellectuelles ou physiques ne répondront pas à un besoin se trouveront irrémédiablement écartés... Tout cela bien sûr sous le couvert d'assurer une meilleure viabilité au groupe social. On ne manquera pas de justifier ce vaste tri génétique par des nécessités économiques ou démographiques...

Nous n'en sommes pas là, me direz-vous, et je me place dans l'optique d'un scénario catastrophe. Les conséquences à long terme des découvertes en biologie et en génétique nous semblent encore bien floues. Pourtant, il y a de bonnes raisons de se montrer prudents. Pouvoir déterminer rapidement le sexe d'un fœtus peut en effet apparaître comme une avancée mineure, et somme toute bien innocente. Toutefois, dans certains pays, ce « progrès » entraîne déjà une hécatombe de filles, les femmes enceintes préférant avorter lorsqu'elles savent qu'elles ne donneront pas naissance à un garçon. Aujourd'hui, des cliniques offrent même, pour quelques milliers de francs, la possibilité de choisir le sexe de son enfant... Quelle sera la prochaine étape ? Cela me rappelle ce projet qui, en 1979, était apparu comme une farce : les Américains avaient eu l'idée farfelue de stocker le sperme des prix Nobel dans le but à peine dissimulé de créer une race de génies...

Aujourd'hui, les gens ouvrent enfin les yeux et réclament partout la formation de comités d'éthique chargés d'encadrer les avancées de la génétique. Celles-ci devraient en effet être soumises à une étude visant à évaluer les conséquences positives et négatives du prétendu « progrès ». Mais l'existence de ces comités d'éthique est aussi un terrible constat : s'ils s'avèrent nécessaires, c'est bien que la science semble avoir perdu toute capacité de discerner le bien du mal. On me rétorquera que cela n'a jamais été son rôle. Eh bien, j'affirme le contraire ! La science ancienne, reposant sur la Connaissance secrète, ne perdait jamais de vue qu'elle devait servir un but : le rapprochement avec le divin, et non la descente aux enfers. Ce que la Tradition savait, ce que les Égyptiens avaient pu conserver, la science moderne l'a perdu. Elle a trop longtemps évacué toute notion de morale en prétendant que celle-ci n'était pas de son domaine. Aujourd'hui, on voit dans quelle confusion et sur quelle pente dangereuse nous a entraînés cette attitude démissionnaire ! Le fait que ce soient des scientifiques eux-mêmes qui ont tiré la sonnette d'alarme représente sans doute un espoir, mais les suivra-t-on dans leurs mises en garde ?

Ou bien faudra-t-il attendre ce moment fatidique où, nous dit Isaïe (chapitre 2, verset 11), « *l'orgueil humain baissera les yeux, l'arrogance des hommes sera humiliée ; Yahvé sera exalté, lui seul, en ce jour-là* » ?

Surtout qu'on ne se méprenne pas sur mon propos. Encore une fois, ma diatribe est moins dirigée contre la science elle-même que contre sa mauvaise utilisation. En fait, ce à quoi je m'oppose c'est le scientisme, cette tentative de réduire l'être humain à quelques propositions mathématiques. L'âge moderne a renoncé à s'interroger sur le pourquoi du monde pour ne plus s'intéresser qu'au comment. On oublie l'origine et le sens de la vie pour ne s'intéresser qu'à son fonctionnement mécanique. Je crains qu'une société privée de tout principe spirituel ne soit vouée à la dispersion, comme les bâtisseurs de la tour de Babel.

Cela dit, si l'on est en droit de pointer un doigt accusateur sur la science, c'est uniquement parce qu'elle s'est écartée de ses buts premiers. Qu'elle en retrouve le chemin, et elle constituera notre meilleure chance de survie. Que ce soit clair, en effet : si j'avais à choisir entre la science et le refuge dans un irrationnel de pacotille, je choisirais sans hésiter la science ! Je sais trop bien que les difficultés qui nous assaillent ne trouveront pas de réponse satisfaisante sans l'appui de la recherche scientifique. C'est elle qui peut nous apprendre à économiser nos ressources en développant des énergies de substitution, elle qui peut faire face aux épidémies, elle enfin qui pourra nourrir une population croissante. La biotechnologie devrait nous permettre la production de masse, et à un faible coût, de protéines comestibles à partir de substrats tels que le gaz naturel ou les déchets agricoles. Bien sûr, les gourmets vont crier au scandale mais nous ménagerons nos sols et, surtout, nous sauverons des millions de vies humaines.

Ce que j'appelle de mes vœux, ce n'est donc pas la fin du règne de la science, mais son assujettissement au bien-être de l'humanité. Ce que je souhaite, c'est que la formidable mutation qui se prépare s'accompagne chez tous les scientifiques d'une prise de conscience de leurs responsabilités. On connaît la célèbre citation d'Einstein qui reste malheureusement toujours d'actualité : « *La puissance déchaînée de l'atome a tout changé, sauf notre façon de penser, et nous glissons ainsi vers une catastrophe sans précédent : une nouvelle façon de penser est essentielle si l'humanité doit survivre.* »

Cette nouvelle façon de penser, je ne suis pas sûr de l'entendre clairement vibrer dans le concert de voix qui s'élève aujourd'hui contre les abus de la technologie. Les protestations d'un certain nombre d'écologistes me semblent en particulier avoir d'étranges échos passéistes...

Si ceux qui roulent en 2 CV auraient tendance à me faire sourire, ceux qui veulent s'éclairer à la bougie me font plutôt enrager. L'écologie ne doit pas être synonyme de retour à l'âge de Cro-Magnon. L'ère du Verseau doit nous permettre un bond en avant, pas en arrière. Malheureusement, trop d'amoureux de la « nature » m'apparaissent comme des gens qui ont simplement réinvesti dans ce créneau leur haine du modernisme. Les vrais écologistes n'ont pas d'attitude archaïque.

Une attitude à laquelle je ne peux évidemment pas souscrire. Toute ma vie, je me suis efforcé de m'inscrire dans la modernité. À tel point qu'on a pu parfois me qualifier d'avant-gardiste, chose aberrante que j'ai fini par prendre pour une insulte. Je suis pleinement ancré dans le présent, au contraire, et c'est lui que je dévoile dans mes collections. Je ne suis pas en avance sur le temps : ce sont ceux qui me traitent d'avant-gardiste qui sont en retard d'un train...

Je suis en accord sur de nombreux points avec les écologistes : je partage leur analyse sur l'urgence d'une action globale pour sauver notre environnement et même notre planète. Mais je me méfie de ceux qui cachent sous leur profession de foi la nostalgie stérile d'un monde de grand-papa pour lequel je n'ai aucune attirance particulière. Pourquoi faudrait-il rejeter en bloc les conquêtes de notre confort et de notre bien-être ? La veillée au feu de bois était peut-être pittoresque, mais l'électricité et le chauffage central ont aussi du bon. Les lavandières, les glaneuses et les repasseuses faisaient sans doute de beaux sujets de peintures, mais je préfère penser que ces personnes ont trouvé grâce au machinisme leurs professions moins éreintantes.

Un certain nombre de « fondamentalistes » de l'écologie ont donc à mes yeux une fâcheuse tendance à chercher leur idéal de société dans le passé plutôt que dans l'avenir. J'ai même entendu des sociobiologistes rêver tout haut d'un monde où l'homme aurait réussi à imiter « le noyau familial du gibbon à mains blanches, ou l'harmonieuse communauté des abeilles ». Ambition consternante et terrifiante ! Certes, nous sommes issus de l'animalité. J'ai expliqué dans *Trajectoire* que nos premières incarnations pouvaient être animales. Mais l'évolution se fait toujours et forcément par le haut ! Alors par pitié, pas de nostalgie déplacée : nous nous élevons, nous ne descendons pas !

Je ne serais pas autrement surpris d'entendre certains extrémistes nous déclarer bientôt que le sida fait partie des mécanismes autorégulateurs de Gaïa ou que l'eugénisme est la seule réponse à la croissance démographique. Nous reparlerons plus loin des faux prophètes. En attendant, méfions-nous toujours de ceux chez qui la passion de la nature cache assez mal une aversion à l'égard des hommes...

L'aversion et la haine... C'est là peut-être que réside la plus grande faute commise par notre civilisation. Nous avons oublié que Dieu est non seulement Connaissance, mais Amour. Nous avons oublié que l'intelligence humaine n'est qu'un monstre froid si elle ne se trouve guidée et soutenue par une spiritualité ardente.

Et c'est de ce manque d'amour que viendra l'Apocalypse. Nous agissons depuis trop longtemps sous la gouverne d'une « science sans conscience ». Si nous trouons sans vergogne la couche d'ozone, n'est-ce pas que nous nous désintéressons du sort de nos enfants ? N'est-ce pas par manque de fraternité que nous faisons des pays pauvres notre poubelle ? N'est-ce pas par inhumanité totale que l'on tue des enfants en Amérique du Sud pour alimenter les « dons d'organes » qui, en soi, pourraient se justifier s'ils ne faisaient pas l'objet de trafics et de crimes ?

Née de la Connaissance secrète, la science s'est transformée progressivement en une grande prostituée : elle s'est vendue à l'ordre marchand, elle est devenue l'esclave d'intérêts économiques. Elle a encouragé la création dans le public de faux besoins qui ont conduit à notre société de pléthore et de gaspillage. En se dévoyant, la Connaissance nous a fait perdre toute notion du sacré. Aujourd'hui, tout est devenu marchandise, le sang, les organes, et jusqu'au sperme.

Dans un tel climat, il serait vain cependant de faire de la science en elle-même le bouc émissaire de tous nos maux. Elle n'est qu'un instrument de nos mauvais desseins. Nous lui devons peut-être Hiroshima et Tchernobyl. Mais aucune technologie de pointe n'a été nécessaire pour construire les chambres à gaz et les fours crématoires d'Auschwitz...

Si notre planète Gaïa souffre d'abord d'une pollution chimique, d'un étouffement par le béton et d'une dégradation générale de l'environnement, elle est aussi lentement asphyxiée par la noirceur de nos pensées, qui finiront tôt ou tard par provoquer la colère terrestre autant que céleste.

Allons, mes enfants, réveillez-vous de ce sommeil, car d'un moment à l'autre, le monde peut être jeté à bas.

Message de la Vierge
à San Damiano, 1967

CHAPITRE CINQUIÈME

QUAND LA PLANÈTE BLEUE S'ENROBE DE NOIR...

Mon métier de couturier m'a donné l'occasion d'effectuer très tôt de nombreux voyages à l'étranger. Dès les années soixante, j'ai pu ainsi me rendre sur les quatre continents pour y présenter mes collections de mode. Insatiable curieux de toutes les cultures, de tous les paysages, j'explorais le monde avec la volupté de Baudelaire rêvant d'une jeune géante dont il pourrait « parcourir à loisir les magnifiques formes ».

Je n'étais pas le seul à m'enivrer de ces splendeurs et de la « verve puissante » de la Nature. Pour la première fois dans l'Histoire de l'humanité, grâce aux photographies prises par les astronautes, une génération d'hommes et de femmes découvrait avec éblouissement l'extraordinaire beauté de leur Planète Bleue.

Malheureusement, mes voyages récents – de la Russie au Brésil, du Canada au Japon – ont fait naître en moi des impressions bien différentes. C'est un visage tout autre que présente aujourd'hui la Terre. Partout, j'ai senti une grisaille uniforme gagner rapidement du terrain. Vues du ciel, les villes du monde entier m'ont paru couvertes d'une couche de crasse, quand elles ne disparaissaient pas sous les immondices.

Lors d'une des dernières missions de la navette spatiale américaine, une astronaute a constaté, elle aussi, l'altération dont est victime notre planète. Les gaz rejetés par nos industries rendent par endroits l'atmosphère opaque au rayonnement infrarouge thermique. En observant la Terre depuis l'espace, on s'aperçoit que leurs « signatures » spectrales s'étendent de plus en plus...

Mais je suis persuadé que la pollution chimique n'est pas seule en cause. La noirceur que je perçois, pour ma part, est également celle qui transpire de nos âmes cafardeuses, fielleuses ou carrément mauvaises. Chaque fois qu'une pensée nous traverse l'esprit, en effet, nous émettons une vibration appelée « égrégore ». Lorsqu'elles sont négatives, ces « égrégores » polluent notre espace mental et celui de notre entourage. On sait combien la « mauvaise humeur » peut se révéler communicative. Entrez dans la chambre ou le bureau de quelqu'un qui « broie du noir » (les expressions ne sont jamais fortuites), et vous sentirez un poids s'abattre sur vos épaules. Additionnées à l'échelle d'une ville ou d'un pays, ces ondes négatives forment une véritable chape qui pèse sur notre psychisme de façon presque palpable et engendre à son tour haine, jalousie, amertume...

J'ai raconté dans *Trajectoire* comment, il y a deux ans environ, alors que je marchais tranquillement dans une rue de Paris, je me suis trouvé comme emprisonné par des ténèbres plus épaisses et plus visqueuses que du goudron liquide. Les passants avaient disparu, tout n'était plus que salissure alentour. Quand ce linceul terrifiant est venu effleurer mon corps, j'ai poussé un hurlement. Aussitôt, l'obscurité s'est dissipée. J'ai retrouvé la lumière de la rue... et quelques regards ahuris posés sur moi !

Tout cela n'avait duré que quelques secondes, je suppose. Mais de retour chez moi, j'ai relu les passages concernant les Trois Jours de Yahvé. Et j'ai compris que je venais de faire l'expérience visionnaire de ce terrible obscurcissement qui régnera sur la belle Planète Bleue quand tombera la colère céleste.

Depuis, je ne cesse d'observer ce voile angoissant qui ternit les couleurs du monde. « *Cet âge obscur s'obscurcira jusqu'à sa fin* », nous dit le Vishnu-Purana. Tout sur Terre s'efforce de monter vers la clarté du Quatrième Plan Vibratoire et nous, nous nous alourdissons, nous nous enfonçons dans l'opacité de la matière. Comment n'y aurait-il pas déchirement ?

Déjà le crépuscule descend sur cette ère des Poissons, condamnée par le cycle des temps. Mais si ce passage d'une ère à l'autre est inéluctable, il n'entraînera notre perte que dans la mesure où nous y contribuerons. Les nuages qui s'amoncellent sur notre destin ne sont que le résultat de notre propre noirceur.

Le premier coupable, c'est ce sentiment négatif qui gangrène notre esprit : l'égoïsme. Pour lui donner meilleure allure, nous lui prêtons souvent le nom plus flatteur d'individualisme. Mais c'est bien lui qui met des œillères à nos pensées et qui abaisse nos vibrations intérieures.

Si Prométhée fut le symbole des conquêtes de l'aube des Temps, Narcisse est certainement celui de cette fin de Kali-Yuga. Non contents d'oublier le divin, nous avons désaffecté la sphère publique pour ne plus nous intéresser qu'à notre nombril. La religion prédominante est sans nul doute le culte du moi. Culturisme à outrance, implants de jouvence et liftings à répétitions : *mens sana in corpore sano* ? Il s'agit de bien autre chose dans nos mentalités : il s'agit du paraître, au détriment de l'être. On ne veut plus vieillir, on ne veut plus mourir, ni léguer son expérience, ni partager quoi que ce soit. La réussite sociale n'est plus seulement la récompense d'un ouvrage bien mené, mais l'accession au pouvoir, à la puissance matérielle, à l'opulence ostentatoire. Et laissez-moi tranquille, s'il vous plaît, même vous, ma conscience ! Au moindre frémissement de leur âme, les adorateurs de l'Ego se précipitent chez leur « psy », lequel leur tendra un miroir complaisant : parlez-moi de moi, il n'y a que ça qui m'intéresse. On veut être bien dans sa peau, ici et maintenant, et chacun pour soi.

Et la Terre, dans ce nombrilisme ? La Terre et ses habitants – les autres –, l'avenir du monde, de notre monde, c'est-à-dire notre avenir ? Nul ne s'en préoccupe sérieusement, ou si peu ! C'est pourtant bien ce qui nous perdra, collectivement, donc individuellement. Chaque égoïste profond se trouve dans la position ridicule d'un homme qui bricolerait l'intérieur de sa maison dans le moindre détail, sans se rendre compte qu'un glissement de terrain extérieur risque de l'engloutir. Comment les êtres humains d'aujourd'hui, en effet, pourraient-ils s'apercevoir de l'état du monde qui les entoure, alors qu'ils sont en permanence occupés à suivre les péripéties de leur moi superficiel ? Ah, certes, ils ont bien entendu parler de la catastrophe écologique ou des affrontements ethniques qui ravagent la planète, ils en suivent même les développements dans les médias, mais leur intérêt ne dépasse jamais le stade de l'étonnement passager, entre la page des spectacles et celles des sports. Au besoin, on verse une larme sur tant de malheurs, ou bien on y puise de quoi animer un dîner mondain, histoire de montrer qu'on se tient au courant. Être informés, voici un programme à la mesure de ces frivoles ; mais s'impliquer, s'investir, militer... c'est au-dessus de leurs forces. Surtout ne pas déranger : on dort.

L'égocentrisme ambiant est aujourd'hui le plus grand obstacle à la mobilisation planétaire que réclament les scientifiques comme les initiés. Comment d'ailleurs se faire entendre de gens qui se promènent dans la rue un walkman sur les oreilles ou qui s'enferment chez eux dans un cocooning confortablement borné ? « Communiquer », dites-vous ? Mais toutes les innovations de la vie moderne – des distributeurs automatiques au Minitel – ne visent-elles pas à réduire le plus possible nos contacts avec autrui ? Les autres ? C'est déjà bien de les tolérer, à condition qu'ils restent dans leur coin, et à bonne distance. Sinon, on va défendre son territoire, national, ethnique, religieux. L'heure des intégrismes de tous bords et des épurations criminelles a sonné. Serait-ce déjà le début de la grande guerre de la fin des Temps ?

Certains penseront sans doute que, dans la plupart des pays « démocratiques », nous n'en sommes pas là et que, bien au contraire, nous nous posons en bienfaiteurs des pauvres et défenseurs des droits de l'Homme sur le reste de la planète. Une façon de se dédouaner par quelques interventions ponctuelles. Mais quel exemple proposons-nous, nous les donneurs de leçons ? Notre civilisation n'obéit plus qu'à un seul mot d'ordre : le confort matériel ! Et individuel... Car il ne s'agit aucunement d'un idéal de bien-être général, mais d'une pléthore personnelle que nous osons appeler bonheur. Je ne sais plus qui disait, pourtant, que la quête d'un bonheur individuel qui ne se donne pas pour ambition de rejaillir sur l'entourage n'est qu'un « rêve de prédateur ». Ainsi poursuivons-nous nos buts sans nous soucier de ceux qu'il faudra piétiner en chemin.

« Celui qui possède beaucoup d'argent sera le maître des hommes », dit le *Vishnu-Purana*, évoquant la fin de ce Kali-Yuga, annonciatrice de la grande catastrophe. *« Accumuler de la fortune sera l'objectif le plus partagé. L'esprit des hommes sera occupé essentiellement à la recherche de gratifications matérielles et de pouvoir... Les valeurs spirituelles déclineront de jour en jour, le monde deviendra dépravé. Seule la propriété, la fortune conféreront rang : la santé physique sera la seule source de dévotion, et les passions seront sexuelles. Le mensonge, la fausseté seront les moyens du succès. »*

Entraînée par le culte du moi sur la pente des plaisirs faciles, notre civilisation glisse lentement vers la corruption des mœurs. Une certaine morale de l'effort et de la quête a été remplacée par le principe hédoniste du « tout, tout de suite ». Drogue, sexe, jeu envahissent la planète, alourdissant de jour en jour le karma de l'humanité, et cette noirceur-là, aucune banque ne pourra jamais la « blanchir ». La haine sévit dans les chansons, la violence envahit jusqu'aux jeux proposés aux enfants, l'amour perd ses chances de survie. « *Revenez donc chacun de votre voie mauvaise et de la perversité de vos actions* », nous conjure le prophète Jérémie. Mais qui se souvient de Jérémie ? À ses imprécations l'on préfère les exhortations alléchantes de la publicité, les voitures pour golden boys, la gourmandise sur fond de rendez-vous d'alcôve, l'érotisme au service des poudres à récurer. « Égoïste, égoïste ! » crient les femmes révoltées mais séduites, dans une mise en scène d'opéra. « Devenez diabolique ! » conseille une fille superbe, mais grimée en diablesse, pour vendre une marque de bas.

Bien sûr, il faut faire dans tout ce marketing la place de l'humour. Mais cet humour-là ne me paraît pas innocent, dans la mesure où il reflète nos tendances profondes. Diaboliques, nous le sommes déjà. Nous le deviendrons plus encore si nous ne changeons pas de mentalité. Et nous déroulerons ainsi le tapis rouge devant l'Antéchrist, cette émanation annoncée de Satan. Lorsqu'il apparaîtra, il sera trop tard pour nous désoler : « Vous m'avez appelé, dira-t-il, me voici... »

Toute cette débauche de luxe mal partagé comme de plaisirs pervers me fait irrésistiblement penser à la « Prostituée fameuse » de l'Apocalypse de saint Jean qui, « vêtue de pourpre et d'écarlate, étincelait d'or, de pierres précieuses et de perles... Sur son front, un nom était inscrit :

Babylone la Grande, la mère des courtisanes et des abominations de la terre. » Cette ville magnifique fut vouée à la déchéance car tout y reposait sur des valeurs temporelles. Les richesses ou le pouvoir y avaient perverti l'homme, éteignant en lui toute dimension spirituelle. Mais cette ville est aussi un symbole, dans l'histoire entière de l'humanité. La Bible est remplie d'allusions à d'autres cités de cette espèce, détruites par la colère de Yahvé, à l'instar de Sodome et Gomorrhe, où régnait le vice. Et partout, il est dit qu'au moment des grandes tribulations, le châtiment des « nouvelles Babylone » s'accomplira de façon plus terrible encore.

Aujourd'hui, est-ce un hasard si une ville comme Los Angeles, une des plus dévoyées de la planète, capitale de l'illusion et de l'artifice, où dominent les cultes du corps et de l'argent, où la drogue et la violence échappent à tout contrôle, est-ce un hasard si cette ville est située sur une faille tellurique qui pourrait causer son anéantissement en quelques minutes ? Edgar Cayce, le grand voyant américain, a prédit que cette catastrophe inéluctable surviendrait avant la fin du siècle. Or les géologues savent bien que cette prophétie pourrait se réaliser, et que San Francisco se trouverait également en danger.

De nombreuses villes méditerranéennes risquent de subir le même sort. Ne sont-elles pas devenues elles aussi de modernes Babylone ? Ne sont-elles pas coupables par exemple de terribles souillures écologiques ? Bétonnage, égouts, vidanges, métaux lourds... La Méditerranée est désormais reconnue comme une des mers régionales les plus polluées du monde. C'est pourtant dans ce bain que viennent se tremper chaque année des millions de personnes en quête de... de quoi au juste ? On ne le sait plus. En outre, aggravant son cas, cette région du monde est placée sous le régime d'une gigantesque corruption mafieuse : les opérations immobilières douteuses détruisent le littoral, tandis que les salles de jeux et les laboratoires clandestins de drogue se chargent de la ruine des âmes. Déjà Nostradamus se lamentait sur le sort de cette région (Xe Centurie, 60e quatrain).

Je pleure Nisse, Mannego, Pize, Gennes
Savonne, Sienne, Capue, Modene, Malte
Le dessus sang et glaive par estrennes,
Feu, trembler terre, eau, malheureuse nolte.

Ou, dans le 6e quatrain de la VIIe Centurie :

Naples, Palerme, et toute la Sicile
Par main barbare sera inhabitée,
Corcicque, Salerne et de Sardeigne l'Isle,
Faim, peste, guerre, fin de maux intentée.

Une nuit – *nolte* – suffirait donc à anéantir la péninsule italienne et la Côte d'Azur française. Mais bien d'autres villes seront touchées. La prophétie de Prémol, que nous avons déjà citée, avait prédit les conflits intestins qui ruineraient la splendeur marchande et culturelle de la capitale libanaise : « *Toi, superbe Tyr* – au sud de Beyrouth – *qui échappes encore à l'orage, ne te réjouis pas dans ton orgueil. L'éruption du volcan qui brûle tes entrailles approche.* » Cette même prophétie de Prémol alerte également la ville de Jérusalem, ancienne capitale de la Judée, près de la Palestine, aujourd'hui occupée par les Israéliens, et dont on connaît le raidissement dans l'intransigeance : « *Jérusalem ! Jérusalem ! Sauve-toi du feu de Sodome et de Gomorrhe et du sac de Babylone.* » Jérusalem, dont Zacharie (chapitre 12, verset 3) nous disait déjà quel danger elle représenterait pour la sécurité du monde, comme l'illustrent aujourd'hui le problème palestinien et l'Intifada, la « révolution des pierres » : « *Je ferai de Jérusalem une pierre pesante pour toutes les nations. Tous ceux qui voudront la soulever seront meurtris.* »

Et ce n'est pas tout. D'autres métropoles semblent menacées. Au premier rang de celles-ci, la plupart des prophéties s'accordent à placer Paris, la « Babylone de la Gaule », et Rome, à qui elles redonnent le qualificatif de « Grande Prostituée ». Nous aurons l'occasion d'y revenir plus loin...

Il faudrait bien sûr se reprendre, lutter contre ce relâchement des mœurs, cette gabegie des riches indifférents à la misère, cette aspiration à l'autarcisme des privilèges. Mais comment y parvenir alors que tout le système assure la promotion d'un tel mode d'existence ? À longueur de journée, à coups de matraquage publicitaire, on nous incite à une surconsommation dont on nous cache les conséquences sur l'environnement. Nous sommes engagés dans une course à la possession qui semble sans fin. Ainsi, les Japonais produisent aujourd'hui tellement de téléviseurs qu'ils ne savent plus à qui les vendre. Mais l'industrie mondiale ne tarde pas à trouver une solution à cette saturation : on change les normes, on crée la haute définition, il va falloir renouveler le « parc ». Et la planète d'embrayer avec enthousiasme. Dans tous les domaines, les pays riches sont aujourd'hui submergés par une pléthore d'objets superflus.

Concurrence, compétition, rentabilité, telles sont les valeurs que notre âge moderne est parvenu – par quel tour de passe-passe ? – à porter aux nues. Nous évoluons désormais dans un monde de requins, de chasseurs de primes ou de têtes, de « raiders » et d'OPA sauvages. Tous les coups sont permis et celui qui n'a pas l'âme d'un « tueur » est condamné à l'échec. En revanche, il faudrait feindre l'étonnement et l'inquiétude lorsqu'une société fondée sur de telles valeurs engendre une violence plus réelle, plus sanglante, qui s'établit dans les rues de toutes les métropoles. *« Les parents ont mangé des raisins verts et les enfants ont les dents agacées »,* nous dit l'Ancien Testament. Aux violences des banlieues répond la belligérance institutionnelle qui permet aux uns de régler leurs comptes avec les autres sous l'égide d'interventions internationales. Nous avons bradé des armes aux régimes les plus douteux, les Américains les proposent en vente libre, et chacun fait mine de s'offusquer lorsque l'acheteur a le mauvais goût d'en faire usage !

Aujourd'hui, les cadavres jonchent nos écrans de télévision et nous n'y prenons plus garde. Un voyageur venu du siècle dernier, en découvrant notre journal télévisé, ne douterait pas un instant être tombé en pleine Apocalypse. Faites l'expérience, regardez les informations avec un peu de recul : vous verrez s'y succéder les combats en Yougoslavie, les attentats liés à la drogue en Colombie, la découverte de charniers au Rwanda ou au Cambodge, des émeutes sanglantes au Zaïre comme à Los Angeles, et des échauffourées ethniques aux quatre coins de la Terre, etc. Sans parler du bulletin de santé – toujours plus alarmant – de notre planète, avec ses pénuries prochaines et ses famines en Somalie ou au Soudan. Le tout agrémenté d'appels de détresse lancés par des populations écrasées, sur fond de fanatisme montant et de langue de bois. Les périls montent, les avertissements se multiplient et pourtant nous restons sans réaction.

Devant pareille force d'inertie, il me paraît un peu trop facile d'accuser les médias, en particulier la télévision, dont les gros titres ou les images banalisent l'horreur. C'est nous qui avons perdu notre capacité à nous horrifier. Je me demande même si le terme de « téléspectateur » n'incite pas à confondre la réalité avec la fiction. Tout devient simple spectacle, comme si le « vingt heures » figurait l'espace tragédie, vite oublié dans les divertissements qui suivent, et que nous qualifions étourdiment de stupides, alors que nous participons aux scores de leur audimat. Nous nous étourdissons de prouesses dérisoires (à quand la traversée de l'Atlantique dans un panier à salade ?), nous adorons des idoles de pacotille, ces idoles que la Bible appelait des « néants qui ne servent à rien ». Pour paraphraser un lauréat du prix Nobel, nous nous trouvons confrontés à une génération qui connaît « le juste prix de tout et la vraie valeur de rien ».

Comment pourrions-nous, face à de tels artifices, juger de l'urgence de la situation, être sensibles aux signaux d'alarme qui sont pourtant déjà là, sous nos yeux ? Souvenons-nous de l'adresse de Jésus-Christ aux Pharisiens (Évangile selon saint Matthieu, chapitre 16, verset 2) : « *Au crépuscule, vous dites : il va faire beau temps, car le ciel est rouge feu ; et à l'aurore : mauvais temps aujourd'hui, car le ciel est d'un rouge sombre. Ainsi, le visage du ciel, vous pouvez l'interpréter, mais pour les signes des Temps, vous n'en êtes pas capables !* »

Les signes des Temps... La télévision se proposait cependant, à l'origine, d'être pour nous une fenêtre sur le monde ; trop souvent désormais, elle n'est plus qu'une lanterne-mirage qui nous fait miroiter des oasis sans âme. Elle entraîne les spectateurs dans une lente spirale vers le bas, hélice hypnotique qui les condamne à l'apathie pendant que, dehors, se joue le sort de l'humanité. Je citais plus haut cette étrange épitaphe trouvée dans un cimetière anglais, sur une stèle du XVIe siècle : « *Quand les images sembleront vivantes et seront animées par leurs propres mouvements, alors la moitié du monde s'effondrera dans le sang.* » La télévision, après la radio, représenterait-elle la fameuse Bête de l'Apocalypse de saint Jean, qui régnera sur la Terre, asservissant les hommes, avant la fin des Temps ?

Dans *Trajectoire,* j'ai évoqué le choc que j'avais reçu en visitant New York, pour la première fois, dans les années soixante. Au cœur de la ville, sur la façade d'un gratte-ciel, j'ai pu voir trois gigantesques chiffres lumineux. Trois 6, soit 666: le nom codé, donné dans l'Apocalypse à la « Bête » au sujet de laquelle on s'est tant posé de questions !

Je restai là, en arrêt devant ce nombre, incapable d'en comprendre la présence sur ce mur. On m'apprit alors qu'il s'agissait de la fréquence hertzienne choisie par la première émission de radio...

J'eus aussitôt le sentiment que tout se mettait en place dans ma vision des choses. Pour moi, il ne faisait aucun doute que les ondes hertziennes, baptisées au chiffre de la Bête, figuraient le moyen de propagande de celle-ci. Radio, d'abord, puis télévision : « *On lui donna le pouvoir d'animer l'image de la Bête pour la faire parler* », dit Jean. Cette image qui s'anime, donc bouge, et qui parle, qu'est-ce d'autre que l'image télévisuelle, sinon – également celle de tous les réseaux de communication informatiques et électroniques dont nous disposons désormais ?

Qu'on ne se méprenne pas : je ne prétends pas que la télévision et l'informatique soient des créations du diable ni que leurs animateurs ou techniciens soient des suppôts de Satan : je dis que les voies du Démon sont elles aussi impénétrables, et que le Mal a pu trouver dans notre modernisme mal géré de fantastiques moyens de propagation. Au départ, ces inventions, comme toutes celles de la science, avaient des aspects positifs évidents, voire des projets nobles : tout ce qui favorise le dialogue et la communication peut rapprocher les hommes, et les avantages pédagogiques, professionnels ou simplement ludiques de ces technologies nouvelles demeurent indéniables. Seulement, on ne s'est pas assez méfié de la Bête qui, pour mieux séduire, s'avance masquée, comptant sur les défaillances ou déviances humaines. Il s'agissait pour elle, en premier lieu, d'asservir le genre humain. C'est plutôt réussi : aujourd'hui les programmes télévisés comme les banques de données forment de gigantesques toiles d'araignées qui quadrillent l'ensemble de la planète, comme autrefois les faisceaux réveillés par les Fils de Bélial. Aucun de nous ne peut prétendre y échapper. « *Qui égale la Bête, et qui peut lutter contre elle ?* s'interroge l'Apocalypse de saint Jean (chapitre 13, versets 4 et 7). *On lui donna pouvoir sur toute race, peuple, langue ou nation.* »

Beaucoup vont sans doute m'accuser d'archaïsme et de catastrophisme désuet à cause de ce discours et pourtant... je ne suis pas le seul à le tenir. Dénoncer l'empoisonnement des esprits par les médias et le contrôle des individus par l'informatique, des intellectuels, des écrivains, des savants et des religieux l'ont déjà fait. À l'occasion, presse et télévision elles-mêmes se livrent à cet exercice d'autocritique. Mais ces mises en garde restent sans effet.

Pourtant, n'y a-t-il pas de quoi frémir en voyant ce qui se dessine ? Nous savons par exemple que nous sommes tous plusieurs fois fichés sur ordinateur. Notre passeport dans le monde est devenu une carte de crédit magnétique. Sans son code, nous ne pouvons rien. Or, que lisons-nous dans l'Apocalypse de saint Jean ? « *Par les manœuvres de la Bête, tous, petits et grands, riches et pauvres, libres et esclaves, se feront marquer sur la main droite ou sur le front, et nul ne pourra rien acheter ni vendre s'il n'est marqué au nom de la Bête ou au chiffre de son nom.* » On me reproche une interprétation abusive ? Récemment, devant l'augmentation des vols de cartes de crédit, les banques mondiales ont étudié le projet d'une puce électronique qui serait insérée dans les doigts de la main et qui permettrait à chacun de faire ses achats, mais aussi d'ouvrir sa voiture ou sa maison. La carte de crédit deviendra biologique...

Quant aux médias, nous avons longtemps voulu croire à l'objectivité de leurs informations : depuis la Révolution roumaine et la guerre du Golfe, nous avons perdu beaucoup de nos illusions. Nous sommes entièrement manipulés, à un bout ou l'autre de la chaîne, par une formidable machine potentielle de désinformation et de fanatisation. Quel pouvoir sera assez fort pour contrebalancer le quatrième pouvoir ? L'Ancien Testament maudit à plusieurs reprises ceux qui *« donnent confiance au peuple grâce au mensonge ». « Ne les écoutez pas ! Ils vous dupent, ils débitent les visions de leur cœur, rien qui vienne de la bouche de Yahvé ! »*

La Bête ne se montre-t-elle pas d'ailleurs de plus en plus au grand jour ? Partout triomphe un cynisme qui n'a rien de philosophique mais qui est au service de la vulgarité et de l'indifférence. Qui ose encore prétendre que la communication audiovisuelle est le lieu privilégié des débats d'idées et de la pluralité d'opinions ? Coupés du réel, les « intervenants » font seulement mine de débattre, quand ils sont tous d'accord au fond sur le maintien du *statu quo* et des privilèges de chacun d'entre eux.

M'accusera-t-on encore de noircir le tableau si je déplore de voir aujourd'hui les jeunes délaisser leurs livres pour des consoles de jeux vidéo ? Quel parent n'a-t-il pas été effrayé devant le regard halluciné de ses enfants mesmérisés par le clignotement infernal de ces images électroniques ? Aujourd'hui, on apprend que leur « abus » est dangereux pour la santé et provoque parfois des crises d'épilepsie...

Se dirige-t-on vers une humanité lobotomisée ? Est-ce à tort que je m'inquiète lorsque j'entends les informaticiens nous parler de la prochaine étape, qui est celle des « mondes virtuels » ? Les spectateurs deviendront acteurs, mais sur un mode imaginaire. Un casque-bandeau sur les yeux, le corps équipé de palpeurs sensibles, ils pourront véritablement entrer dans l'image en trois dimensions, y saisir des objets, y vivre une aventure plus ou moins programmée avec les partenaires de leur choix. Ce procédé ouvre des perspectives extraordinaires dans le domaine des jeux et de l'illusion intégrale. Vous pourrez jouer au tennis, visiter Pékin, massacrer tous vos voisins ou vivre vos pulsions érotiques les plus folles... sans jamais quitter votre fauteuil. Rien que de très logique ici : le bonheur individuel devait trouver son aboutissement ultime dans le plaisir solitaire. Mais celui-ci se fera au détriment de la mobilité et de la lucidité. La Bête de l'Apocalypse pouvait-elle rêver meilleur moyen de contrôle que cette machine à rêver ? Les gens ne vivront plus qu'en fantasmes. Triomphe de l'abrutissement, opium absolu, avènement de l'homme robotisé...

Ainsi pourrait s'établir le règne de la Bête (si toutefois il n'a pas déjà commencé). Ce sont du moins les images et les appréhensions que m'a inspirées le chiffre 666. Par la suite, un détail est venu compléter mon interprétation : j'ai appris que 666-666 était le numéro de la ligne téléphonique reliant le président Nixon à Neil Armstrong, le premier homme à poser le pied sur la Lune. On retrouve l'idée des ondes hertziennes mais s'y ajoute la notion d'orgueil humain : en foulant le sol lunaire, l'homme n'a-t-il pas répété l'erreur des bâtisseurs de Babel ? N'a-t-il pas mis tous ses efforts à signifier qu'il n'était plus dépendant de cette Planète Bleue dont on lui avait confié la charge ?

Cela reste bien sûr une interprétation personnelle, loin d'être unique en son genre. De tout temps, le chiffre de la Bête a suscité de multiples hypothèses, des plus érudites aux plus farfelues. La gématrie, partie de la cabale fondée sur les correspondances entre mathématiques et alphabet, a pu ainsi avancer que 666 dissimulait les noms de Néron ou de César. Fidèle à ma notion de symbole-tiroir, je suis pour ma part disposé à admettre des conclusions diverses. Pourtant, j'ai toujours eu une préférence pour la simplicité. Il faut parfois savoir prendre les choses au premier degré, et c'est pourquoi je m'étonne qu'on n'ait pas retenu d'abord l'explication la plus évidente, et qui justifie toutes les variantes ponctuelles... La Genèse nous dit qu'au commencement était le Verbe : c'est la Parole de Dieu qui a donné naissance au monde, elle est le principe de vie et d'amour communiqué à la Création. À la fin des Temps, au contraire, apparaît le Chiffre (par opposition au 7, le 6 est l'antiperfection, le Mal). 666 annoncerait en fait la prise de pouvoir du calcul sur le langage, soudain privé de sa capacité à faire surgir l'Être. Aujourd'hui, l'informatisation de la société accomplit ce renversement. C'est la victoire du raisonnement robotique sur la pensée esthétique, c'est le remplacement d'une société à visage humain par la froide dictature des machines...

Existe-t-il un moyen d'infléchir cette évolution désastreuse de l'humanité ? Que faire, sinon « veiller pour ne pas être surpris » par le jour de la catastrophe ? C'est ce à quoi nous invite Luc dans le Nouveau Testament (chapitre 21, versets 34 et 35) : « *Tenez-vous sur vos gardes, de peur que vos cœurs ne s'appesantissent dans la débauche, l'ivrognerie, les soucis de la vie, et que ce Jour-là ne fonde soudain sur vous comme un filet ; car il s'abattra sur tous ceux qui habitent la surface de la terre.* »

Cette menace, beaucoup de gens la sentent confusément. S'ensuit un mal-être qui les paralyse, une angoisse profonde, irrationnelle, que ni la médecine générale ni la psychiatrie ne sauraient guérir. Et comme on ne veut plus, désormais, vivre de questionnement, comme il faut le bonheur tout de suite, à n'importe quel prix, on se tourne vers les « sorciers ». Paradoxe de la fin de l'ère des Poissons : l'homme rechigne à croire en Dieu – sauf en cas de fanatisme dont nous reparlerons – mais se précipite sur les faux prophètes. Au nom de l'espoir dans des miracles uniquement souhaités en faveur de son propre confort, il ouvre en grand la porte aux thaumaturges de tous calibres, du plus farfelu au plus dangereux. Pseudo-sages orientaux, gourous savoyards, bonzes de banlieue, bricoleurs du spirituel, yogi arthritiques, pythonisses de fête foraine, pousseurs de cri primal, télépathes de l'abracadabra, rebouteux perlimpimpinesques... il n'y a véritablement que l'embarras du choix. Tous exploitent avec plus ou moins de cynisme l'inquiétude qui caractérise notre « ère du vide », selon l'expression d'un philosophe moderne.

Ces faux prophètes ne sont d'ailleurs pas tous mal intentionnés au départ. Certains – ils sont rares – pensent sincèrement œuvrer au soulagement de la détresse morale de leurs contemporains. Dans les années soixante, à Paris, on pouvait rencontrer au hasard des cafés un certain Ange Cyclamen, qui se disait envoyé par le Seigneur pour sauver le monde. Son moyen d'action était la tendresse. Il prétendait que bientôt un nouveau continent émergerait du Pacifique et qu'il aurait la forme d'un cœur...

D'autres mages de pacotille s'exposent ainsi au ridicule, par exemple ces adorateurs de la Petite Pyramide qui, à San Francisco, se promènent toute la journée avec un chapeau en pointe sur la tête pour capter les ondes spatiales... Ou bien ces thuriféraires de l'Oignon, qui vénèrent en ce légume le symbole de l'éternité de l'âme humaine...

Le plus drôle (ou le plus inquiétant), c'est que tous ces charlatans ont pignon sur rue et qu'ils tiennent même des congrès où l'on peut suivre des conférences sur « les brocolis et la lutte antistress » ou sur « la lecture cabalistique du bottin mondain », entre deux stages d'initiation à l'iridologie prophétique ou à la magnétisation des œufs en gelée... Ne riez pas, j'exagère à peine.

Seulement, la plaisanterie tourne souvent au cauchemar. Sans doute surpris eux-mêmes par la crédulité de leur clientèle, les faux prophètes se transforment en marchands du temple. *« Ils vaticinent à prix d'argent »*, nous dit Michée (chapitre 3, verset 11) dans l'Ancien Testament. *« Ils sont avides de rapine »*, ajoute Jérémie (chapitre 6, verset 13). S'ils convainquent leurs victimes de l'inanité des possessions matérielles, c'est pour mieux se les approprier. Dans l'Évangile de Matthieu (chapitre 7, verset 15), le Christ nous met en garde contre *« ces hommes qui viennent vers vous vêtus en brebis et qui au-dedans sont des loups rapaces »*. Combien de gourous professant la pauvreté comme voie d'accès à la sagesse roulent en Rolls-Royce et parcourent le monde de suite royale en résidence luxueuse !

Gagnés par la folie des grandeurs, ces mégalomanes font édifier à grands frais et à leur propre gloire des églises et des statues colossales. Grisés par le pouvoir d'influence qu'ils se découvrent sur l'esprit humain, ils ne tardent pas à en faire le pire usage. D'ordre économique, spirituel ou affectif, leurs manipulations entraînent les plus faibles jusqu'aux confins de la folie. Ou jusqu'à la mort... On se souvient du Temple du Peuple, installé dans la jungle guyanaise : son fondateur, Jim Jones, contraignit le millier de membres de sa secte à un suicide collectif. « *Les loups affamés se précipitent de la montagne et viennent dévorer les moutons qu'ils déchirent jusqu'au milieu des étables* », nous dit la prophétie de Prémol.

Aujourd'hui, il existe des centaines de sectes en France, des milliers aux États-Unis... Impossible d'en dresser le catalogue complet, il s'en crée chaque jour de nouvelles. Leur prolifération est le signe même de l'imminence de la fin des Temps : « *On vénérera de faux dieux dans de faux ashrams dans lesquels on décrétera arbitrairement jeûnes, pèlerinages, pénitences, don de ses biens, austérité au nom de prétendues religions* », lit-on dans le *Vishnu-Purana*. Tous ces faux prophètes pavent la route de celui qui sera leur maître, celui qui portera à son comble la séduction diabolique : l'Antéchrist. À force d'en appeler aux puissances occultes, celles-ci finissent par répondre. Et ceux qui croyaient les domestiquer en deviendront bientôt les esclaves. Car on ne joue pas impunément avec les incantations...

Faut-il pour autant jeter la pierre à ceux qui se laissent bercer par le chant de ces sirènes maléfiques ? Il s'agit en général de personnes – jeunes en particulier – désorientées et vulnérables. Si les sectes se sont mises à pulluler de la sorte, c'est avant tout qu'il y avait un espace à occuper. Ne se sont-elles pas contentées de combler le vide laissé par la désertion de l'Église institutionnelle ?

J'affirme en effet que celle-ci a failli à sa tâche. Et qu'elle n'est pas à la hauteur de la situation de crise que nous vivons. Comment s'en étonner ? C'est cette même Église qui pendant des siècles a falsifié l'enseignement des premiers chrétiens. Elle qui, de concile en encyclique, s'est appliquée à dénaturer le message d'amour du Christ. On l'a vue donner les pires exemples, entre autres ceux de la terreur inquisitoriale et du luxe affiché par des prélats peu scrupuleux.

Cette lente perversion était sans doute inéluctable. La loi cosmique, à laquelle les Églises n'échappent pas, veut que tout ce qui a été créé subisse l'érosion du temps. Religion de l'ère des Poissons, le christianisme tel que nous le connaissons arrive en bout de course, épuisé, vidé de sa substance. Il faut dire à sa décharge qu'il a été mis à rude épreuve ces derniers siècles : l'humanisme de la Renaissance a diminué le divin pour grandir l'individu, le Siècle des Lumières a glorifié la rationalité humaine, notre époque contemporaine a enfin assuré le triomphe du scientisme et de l'athéisme... Aujourd'hui, comme peut le constater avec désolation André

Frossard, « l'univers chrétien s'est enfoncé si profondément dans l'oubli que son naufrage ne fait même plus de vagues ».

Le pape semble résigné à sombrer avec son navire. Au lieu d'amorcer la réforme nécessaire au passage d'une ère à l'autre, au lieu d'apporter, contre la déréliction morale, des arguments adaptés à l'époque, l'Église se raidit dans les positions du passé. Les timides exhortations, dans la messe contemporaine, à se donner la main dans la paix du Christ ne sauraient suffire à une nouvelle prise en compte de la « charité chrétienne ». Les fidèles sont en droit d'espérer une lecture plus poussée des Textes, une vision des dogmes dépouillée de toute volonté de puissance. Sans doute, à cet égard, attendaient-ils beaucoup du « nouveau » catéchisme : ils n'y trouvent, la plupart du temps, que la répétition de conceptions périmées. Pire, les très rares innovations contredisent formellement les principes fondateurs de l'Église originelle. Ainsi en arrive-t-on à reconnaître comme légitime, dans certains cas, la peine de mort. Est-ce là le seul moyen qu'on ait trouvé pour reconquérir les déçus du catholicisme : une ignoble concession à la barbarie de l'époque ? La papauté a-t-elle oublié qu'un des Dix Commandements ordonne « Tu ne tueras point » ? Elle s'expose désormais à l'avertissement de Matthieu : « Ne jugez pas afin de ne pas être jugés... »

Raidissement encore quand le catéchisme pose comme un dogme que « toutes les formes de divination sont à rejeter ». Je suis le premier à dénoncer les excès et le charlatanisme mais je me souviens que Paul lui-même disait, dans la Première Épître aux Thessaloniciens (chapitre 5, verset 20) : « *Ne dépréciez pas les prophéties ; éprouvez tout, retenez ce qui est bon.* » Et je garde en mémoire ce superbe passage de Pierre, dans sa Deuxième Épître (chapitre 1, verset 19), qui porte en lui tout le formidable espoir de l'ère du Verseau : « *Ainsi nous tenons plus ferme la parole prophétique : vous faites bien de la regarder, comme une lampe qui brille dans un lieu obscur, jusqu'à ce que le jour commence à poindre et que l'astre du matin se lève dans vos cœurs.* »

J'insiste sur le christianisme car il est la religion prédominante de l'ère des Poissons. Appartenant, au moins dans ma réincarnation présente, à cette ère, je me suis toujours senti profondément chrétien. Mais chrétien du début des Temps, détenteur d'un message d'amour, non d'extermination, de prédominance ou de haine. Or, comme le judaïsme et l'islamisme, à l'aube du grand bouleversement qui nous guette, le christianisme se voit tenté, ici et là, par une forme d'intégrisme. Rome condamne cette attitude, sans doute, mais Rome ne cherche pas à revenir à la pureté des premiers chrétiens. L'Apocalypse de Jean s'ouvre ainsi sur un sévère rappel à l'ordre : « *Toutes les Églises sauront que je suis celui qui scrute les reins et les cœurs ; je rendrai à chacun selon ses œuvres.* »

Toujours dans ce même livre prophétique, on lit à propos de la reine Jézabel, qui divertit son mari de l'adoration du vrai Dieu : « *Je lui donnai du temps pour qu'elle se reprenne, mais elle ne veut pas se repentir de sa débauche.* » Rome, moderne Jézabel, paiera lourdement son aveuglement et son entêtement. Saint Jean encore : « *Malheur, malheur ! Immense cité... Une heure a suffi pour que tu sois jugée !* »

Cette destruction semble toute proche, si l'on en croit l'extraordinaire prophétie de saint Malachie. Ce primat de l'Église irlandaise, ami de l'illustre saint Bernard de Clairvaux, vécut dans la première partie du XIIe siècle. Dans la prophétie qui porte son nom, il établit la lignée des 111 papes qui doivent se succéder depuis Célestin II en 1143, jusqu'à la fin des temps. Il s'agit en fait d'une liste de 111 devises latines, chacune concernant un souverain pontife. Faut-il quelques exemples probants du caractère prémonitoire de ces devises ? La centième, correspondant à Grégoire XIV, pape de 1831 à 1846, était « *De Balnae Etruriae* », c'est-à-dire « De Balnes en Étrurie ». Or Grégoire XIV appartenait à l'ordre religieux des Camaldules, dont le siège se trouve dans la ville de... Balnes, en Étrurie.

Clément XIII, élu en 1758, s'était vu attribuer (au XIIe siècle, rappelons-le !) la devise « *Rosa Umbriae* ». Or avant d'être pape, il a été gouverneur d'une ville en Ombrie dont le symbole est la rose. Son successeur devait être « *Ursus Velox* » : ce fut Clément XIV, issu d'une famille dont les armes représentaient un ours en pleine course. Innocent XII, pape de 1691 à 1700, était nommé par la devise « Le râteau à la porte ». Or son nom n'était autre que Rastello, « râteau » en italien...

Quant aux derniers papes... Jean XXIII (1958-1963), selon saint Malachie, était « *Pastor nautaque* » c'est-à-dire « pasteur et nautonier » : or il a été patriarche de Venise, ville des nautoniers. La devise de son successeur Paul VI (1963-1978) était « *Flos florum* », la « fleur des fleurs », c'est-à-dire le lys : ses armes sont formées de trois lys et, en outre, il était originaire de la ville de Florence, dont le symbole est le lys. « *De medietate lunae* » – la moité de la lune – s'appliquait à Jean-Paul Ier : celui-ci fut élu au moment de la demi-lune et il mourut un mois plus tard. Son règne n'a donc duré que d'une demi-lune à une autre.

Jean-Paul II, quant à lui, est « *De labore solis* », « le travail du soleil ». La signification de cette devise apparaîtra-t-elle plus tard, au terme de son règne ? Ou bien s'agit-il d'une allusion à son inlassable activité de voyageur, dans un monde où jamais le soleil ne se couche ? Aucun pape en effet n'a autant parcouru la Terre, d'un continent à l'autre, baisant partout le sol comme pour lui demander pardon de sa propre impuissance. Qu'il prenne garde ! Certains quatrains de Nostradamus (que j'ai cités dans *Trajectoire*) annoncent l'assassinat du pape polonais, ce qui a déjà bien failli se produire.

De surcroît, d'après saint Malachie, Jean-Paul II serait le 110ᵉ pape, sur 111 annoncés, ou 112: nous expliquerons pourquoi ce pape « supplémentaire » n'a pas de « surnom » dans la prophétie. Quoi qu'il en soit, il ne resterait plus qu'un ou deux papes avant l'Apocalypse. La Chrétienté – telle qu'on la conçoit aujourd'hui – toucherait-elle à sa fin ? Une prophétie troublante, émanant de saint Anselme, nous met en garde : « *Malheur au temps où la lettre "K" sera exaltée dans les murs de Rome !* » Chacun sait que le prénom polonais de Jean-Paul II est Karol...

Qu'arrivera-t-il ensuite ? Le successeur de Jean-Paul II est décrit comme « *De gloriae olivae* », « la gloire de l'olivier ». Certains voient là un signe particulier de reconnaissance. L'olivier est, traditionnellement, le symbole du peuple juif. Cette « gloire de l'olivier » pourrait figurer l'accession d'un Juif au siège suprême de l'Église catholique.

Or, n'avons-nous pas en France un évêque qui fut autrefois de confession hébraïque ?

Cela dit, il ne me semble pas que « la gloire de l'olivier » soit le dernier souverain pontife. Car au terme de sa longue liste, Malachie nous précise : « *Dans la dernière persécution de la sainte Église romaine siégera Pierre le Romain ; il fera paître ses brebis au milieu de nombreuses tribulations. Ces tribulations passées, la ville aux sept collines* (Rome) *sera détruite et le juge redoutable jugera son peuple.* »

Doit-on en conclure que les chrétiens seront de nouveau pourchassés dans leurs croyances et dans l'exercice de leur religion ? C'est possible... Mais ce qui est sûr, en tout cas, c'est que cette religion se meurt parce qu'on a trahi sa nature. Les cathédrales sont profanées par des hordes de touristes, les jeunes ne s'intéressent plus à Dieu, ou se tournent vers des sectes qui se réfèrent au Christ de façon exotique et profane. « *Quand je reviendrai sur cette terre,* dit en substance ce Christ dans le Nouveau Testament, *restera-t-il encore quelqu'un pour croire en moi ?* » Saint Paul lui-même nous avait avertis : « *Avant que le jour arrive du grand châtiment, doit venir l'apostasie.* » Désormais, tout est en place pour le dernier acte.

« *L'Église aura une crise affreuse. La sainte foi de Dieu étant oubliée, chaque individu voudra se guider par lui-même et être supérieur à ses semblables.* » Cette prophétie, qui résume l'irreligion de notre société et l'égoïsme orgueilleux des hommes, est extraite du message transmis par la Vierge à deux jeunes bergers près de La Salette, dans les Alpes du Dauphiné, en 1846. D'autres révélations mariales suivront, comme à Amsterdam en 1946 : « *La religion devra mener un dur combat. On la veut anéantir ; ce sera fait avec tant de raffinement que personne, ou presque, ne s'en apercevra.* »

De tout temps, la Vierge est apparue aux hommes, et particulièrement aux enfants, à cause de la pureté de leur âme. Pourtant jamais ces apparitions mariales n'ont été aussi fréquentes que depuis le XIXe siècle. Les esprits rationalistes ont voulu expliquer ces « phénomènes » par de soudaines flambées de foi religieuse dans la population. Ne devrait-on pas davantage les attribuer à l'inquiétude de la Vierge face à l'athéisme croissant qui caractérise la fin du Kali-Yuga ? Ne sont-elles pas un signe supplémentaire de l'imminence des grandes tribulations ? Tout se passe en effet comme si la Vierge tentait un ultime effort pour nous prévenir, pour nous exhorter à reprendre le chemin de Dieu, s'il en est encore temps. Déesse-mère, elle est avant tout compassion, elle intercède en notre faveur et tâche de nous ouvrir les yeux sur nos options catastrophiques.

Depuis deux siècles, plusieurs centaines d'apparitions mariales ont été constatées à travers le monde. Beaucoup ont eu pour cadre la France ou l'Italie, et certaines ont été reconnues par l'Église elle-même. À Paris, rue du Bac en 1830, la Vierge annonçait à une jeune religieuse : *« Le monde entier sera bouleversé par des malheurs de toute sorte. »* Mêmes avertissements à Lourdes, en 1858, et à Fatima en 1917. Mais aussi à Banneux, en Belgique (1933), ou à Beauraing, etc.

Partout le message est le même. La Vierge s'en prend à la négligence des hommes, à leur vanité, à leur absence de vie spirituelle. *« Les chefs, les conducteurs du peuple de Dieu ont négligé la prière et la pénitence et le Démon a obscurci leur intelligence »*, dit la Mère divine à La Salette. *« Que les évêques agissent donc ! Qu'ils commandent à leurs prêtres de se tourner vers la jeunesse afin de la préserver de ce paganisme moderne* », annonce-t-elle à Amsterdam. « *Ce monde matérialiste court à sa perte.* »

Les apparitions mariales sont une dernière exhortation, une supplication pleine de pitié aimante mais qui peut à l'occasion prendre les accents d'une terrible menace : « *Si mon peuple ne veut pas se soumettre, je suis forcée de laisser aller le bras de mon fils....* »

Toutes les prophéties nous ont prévenus encore et encore. Resterons-nous sourds et aveugles jusqu'au bout ? Lorsque viendra le jour, nous n'aurons aucune circonstance atténuante. « *C'en est fait de l'orgie des vautrés* », clame le prophète Amos.

CHAPITRE SIXIÈME

LES TROMPETTES DE L'APOCALYPSE

Mise en garde à propos de ce chapitre

Dieu m'est témoin de toute ma souffrance et de mon inquiétude à la rédaction des lignes qui vont suivre. Avais-je le droit de les écrire ? Il n'y a pourtant là rien d'inventé. C'est seulement le résultat de décennies de lectures et de méditations à la lumière du Savoir antique, confirmant les événements qui me furent montrés au Septième Plan Vibratoire et qui motivèrent mon retour sur Terre. Un sentiment de terreur divine m'a fait un instant douter de la nécessité de dévoiler ceci, mais pendant que j'écrivais ces pages, autour de ma table, les Vingt-Quatre Vieillards sont venus, hiératiques, tendant un doigt autoritaire vers la feuille de papier, et m'ordonnant : « Écris ! »

Je me suis plié à leur injonction. Mais ce fut effrayant. Aussi ai-je envie de dire aux lecteurs trop fragiles : si vous n'avez pas la force d'ouvrir les yeux et de voir, alors vite, passez ces quelques pages destinées aux âmes courageuses qui comprendront mieux l'urgence de multiplier leurs prières afin que tout ceci soit atténué.

Lors se perdra la piscature barque.

NOSTRADAMUS

Voici le dernier acte venu, celui de la fin des Temps. Impossible de concevoir celle-ci sans qu'aussitôt une question naisse dans notre esprit, une question que l'on trouve formulée dans la 129e Sourate du Coran : « *Ils t'interrogeront en disant : quand viendra cette heure fatale ?* » En ce domaine, le texte islamique exhorte le Prophète à la prudence. Son rôle, en effet, n'est pas de donner la date de la fin du monde : « *Qu'en sais-tu ? Son terme n'est connu que de Dieu. Tu n'es chargé que d'avertir ceux qui la redoutent.* »

Le fait est qu'il faudrait être bien téméraire ou bien présomptueux pour prétendre fixer avec précision nos échéances eschatologiques. Dans le Nouveau Testament, Matthieu nous invite lui aussi à renoncer à tout pronostic : « *Quant à la date de ce jour, et à l'heure, personne ne les connaît, ni les anges des cieux, ni le fils, personne que le Père seul.* »

Gardons cela en mémoire : personne ne doit ni ne peut oser prédire l'heure à laquelle sonnera la dernière trompette de l'Apocalypse. En revanche, il est permis de constater, en comparant les prophéties et l'Histoire de l'humanité, que toutes les étapes annonciatrices de cette Apocalypse ont aujourd'hui été franchies. Oui, notre civilisation s'est éloignée de la foi et de la tradition. Oui, nous nous sommes tournés vers de fausses doctrines. Oui, nous avons préféré les plaisirs faciles à la voie étroite, la violence au respect de l'autre. Oui, nous avons détruit la Terre... « *Tremblez,* dit la Vierge à La Salette, *vous qui faites profession de servir Jésus-Christ et qui au-dedans vous adorez vous-même, tremblez, car Dieu va vous livrer à son ennemi.* »

Les dernières décennies ne correspondent-elles pas en fait à ce commencement des douleurs – *initia dolorum* – dont nous parlent les prophéties ? Ce siècle, que l'on a appelé, non sans raison, le plus violent de l'histoire humaine, ne rassemble-t-il pas toutes les horreurs dont l'homme est capable ? Le temps est venu de payer la facture de nos erreurs et de nos crimes innombrables. Le karma accumulé par l'humanité a atteint un poids jamais égalé et la Terre ne saurait supporter plus longtemps le joug de ce fléau humain.

Les pages qui vont suivre dressent un tableau bien sombre de notre destin. À tel point que je tombe peut-être sous le coup de cette boutade de Jean Rostand, qui se disait « très optimiste quant à l'avenir du pessimisme ». Je me crois pourtant plus lucide que pessimiste. Car une lueur lointaine, sur laquelle je garde les yeux fixés, n'a jamais cessé de trouer les ténèbres qui m'assaillent... Et je sais que nous n'aurons pas trop de ce guide pour nous mener au travers des grandes tribulations à venir.

Bien sûr, celles-ci ne constituent qu'un scénario probable... malheureusement confirmé par la plupart des prophéties. Or, nous l'avons vu au fil de ce livre et à travers les siècles, ces prédictions se sont révélées d'une redoutable fiabilité. Par quel aveuglement refuserions-nous encore de leur prêter foi ? Dans mon cas, cette politique de l'autruche est d'autant plus impossible que les prophéties se doublent de visions personnelles dont je ne peux chasser le souvenir ni l'évidence. Au contraire, ces visions me hantent avec plus d'intensité chaque jour, sans doute pour me signaler l'imminence de leur réalisation.

Nous ne pouvons savoir quand exactement s'abattra le bras du Seigneur, c'est entendu, mais souvenons-nous de la phrase du Coran à l'intention de tous ceux qui s'interrogent sur la proximité de la fin des Temps : « *Le jour où ils la verront, il leur semblera qu'ils ne sont restés sur la terre qu'une soirée ou un matin.* »

N'avons-nous pas déjà entendu résonner les trois coups du brigadier ? Ou, du moins, les deux premiers... Comme au théâtre, la tragédie de l'Apocalypse possède ses préambules codés. Ici, le lever de rideau semble devoir être annoncé par d'immenses événements historiques : les trois crises planétaires que sont la guerre de 14-18, celle de 39-45 et enfin la Troisième Guerre mondiale à venir. Toutes ont été prophétisées. Les deux premières s'étant réalisées, la troisième apparaît fortement vraisemblable, pour ne pas dire plus. Peut-être même a-t-elle déjà commencé...

Dans le couvent de Gandersheim, en Saxe, vivait au Xᵉ siècle une abbesse restée célèbre pour ses transes visionnaires. Dans un manuscrit intitulé *Tuba Seculorum*, le « Clairon des Siècles », sœur Hroswitte évoquait les belligérants d'un vaste conflit : « *Les peuples tomberont sous toi, Allemagne, et ta puissance sera si grande que le monde entier s'alliera contre toi.* » Et l'abbesse donnait une date précise à cette « péripétie » : « *quand mourra le 255ᵉ pape* ». Ce 255ᵉ pape depuis les origines, ce n'est autre que Pie X, mort en 1914 !

Rédigée au XVIIᵉ siècle, la prophétie du Moine inconnu, déjà citée, considérait le XXᵉ siècle comme « *le plus étrange de tous les siècles car les hommes seront fous d'eux-mêmes et du monde et se détruiront les uns les autres* ». Après une première guerre « *où les boulets tomberont du ciel* », le Moine inconnu annonçait une « *deuxième guerre au cours de laquelle presque toute la création sera bouleversée. De grands désastres de fortune et de biens se produiront et beaucoup de larmes seront versées, les hommes seront sans âme et sans pitié.* »

Évidemment, on n'a pris ces avertissements au sérieux qu'après coup... Aujourd'hui, c'est une troisième guerre mondiale qui nous menace. Coïncidence qui n'en est bien sûr pas une, le troisième coup du brigadier a frappé au même endroit que le premier. En 1914, l'Europe s'embrasait à la suite de l'assassinat de l'archiduc François-Ferdinand par un étudiant serbe, à Sarajevo. Aujourd'hui, Sarajevo est de nouveau au cœur de l'actualité. La poudrière des Balkans, qu'une mosaïque de nationalités et de religions rend si instable, sera-t-elle, comme au début du siècle, le foyer d'un conflit planétaire ?

C'est en tout cas ce que prédit sans ambiguïté Nostradamus dans le 82ᵉ quatrain de la IVᵉ Centurie « *Amas s'approche venant d'Esclavonie...* » L'Esclavonie, ce n'est autre que l'ancien nom de la Slavonie, province du nord de l'ex-Yougoslavie. Le mage de Salon-de-Provence ajoute dans le même quatrain : « *La grande flamme éteindre ne saura.* » Aujourd'hui, tous les observateurs craignent une extension du conflit serbo-croate. Une intervention des grandes puissances crèvera-t-elle l'abcès ou mettra-t-elle le feu aux poudres ? La décision est difficile. En attendant, on laisse les crimes se perpétrer et le feu se propage : serons-nous en mesure de l'éteindre à temps ?

Autre fausse coïncidence ? C'est aussi en Yougoslavie que s'est produite l'une plus récentes apparitions de la Vierge, dans la bourgade de Mejdugorje, à quelques dizaines de kilomètres seulement de Sarajevo... Les apparitions débutèrent en juin 1981 sur une colline des environs et se poursuivirent dans l'église du village. Plusieurs personnes, en pleine extase, virent distinctement la silhouette de la Déesse-Mère. Chose intéressante à noter, le costume de la Vierge apparue s'est modifié au fil des ans. Elle portait autrefois une robe blanche éblouissante, ou une mante bleue semée de paillettes d'or ; elle n'est plus vêtue que d'une simple robe de bure noire, comme pour nous appeler à l'austérité et à la pénitence, et elle pleure... À Mejdugorje, la Vierge communiqua des messages et des secrets sur les événements à venir. « *Je suis venue vers vous en Reine de la paix pour dire au monde qu'il y va de son salut.* » La petite ville devint bientôt un haut lieu de pèlerinage, les fidèles affluèrent par centaines de milliers. Pourtant, en 1985, les évêques se prononcent sur le cas : ils refusent de reconnaître les apparitions. On craint sans doute qu'elles ne viennent discréditer l'autorité de l'Église...

Une fois de plus, la voix de la paix est bâillonnée. À croire que nous ne voulons décidément rien entendre ! On sait que le troisième et dernier secret de Fatima n'a toujours pas été divulgué, même si l'on subodore qu'il s'agit précisément de l'annonce de la Troisième Guerre mondiale. Seuls détenteurs du message, les papes se sont obstinément refusé à en communiquer le contenu exact. On comprend dans une certaine mesure leur désir de ne pas semer la panique mais ne faudrait-il pas quand même avertir les populations ?

Partout retentissent les préparatifs militaires. « *Horrible cliquetis d'armes !* » s'écrie saint Césaire d'Arles. La prophétie de Prémol, après avoir annoncé de multiples pogroms et exodes (ceux de la Seconde Guerre mondiale ?), se lamente ainsi : « *N'est-ce pas assez, Seigneur, d'une pareille hécatombe pour apaiser votre colère ? Mais non. Quel est ce bruit d'armes, ces cris de guerre et d'épouvante qu'apportent les quatre vents ?* »

Pourtant, un immense espoir était né en 1989 après la chute du rideau de fer. Les deux Grands ayant mis un terme à leur rivalité, les risques d'un conflit généralisé semblaient définitivement écartés. On fêtait l'avènement d'un « nouvel ordre mondial » qui devait nous garantir la sécurité. Pourquoi n'avons-nous pas relu alors les messages de la Vierge à La Salette ? Avant que n'éclate véritablement la guerre, nous dit-elle, « *il y aura une fausse paix dans le monde, on ne pensera qu'à se divertir* ». Tous nous avons cru à cette « fausse paix », nous avons applaudi ce mur abattu à Berlin. Mais très vite, il a fallu déchanter, la « pax americana » nous faisant pénétrer dans une période de tous les dangers, comme l'a démontré cette guerre du Golfe qu'avait prédite Nostradamus : « *Sous l'opposite climat babylonique, grande sera de sang effusion, que terre et mer, air, ciel, sera inique.* »

Nous découvrons avec effroi qu'un bon nombre de puissances moyennes ont la capacité de déclencher la catastrophe. Savons-nous même exactement lesquelles disposent de l'arme atomique ? Fini le *statu quo* de la guerre froide, nous sommes en plein dans une zone de graves convulsions et de revendications nationalistes. Avec une extraordinaire prescience, Nostradamus avait relevé ce moment charnière dans le 57ᵉ quatrain de la IIᵉ Centurie : « *Avant conflict le grand mur tombera...* »

Une des caractéristiques des Balkans, c'est d'être le point de rencontre – et souvent de friction – de deux civilisations, l'une nordique et slave, l'autre arabe. Longtemps ennemies mortelles, elles se sont rapprochées au cours de ce siècle. On a vu ainsi, au cours des dernières décennies, les Russes apporter un soutien logistique aux nations arabes contre Israël.

C'est là, à mon sens, au Proche et Moyen-Orient, que se situe le second foyer – après la Serbie – de la prochaine guerre. Première visée, nous l'avons vu, la ville de Jérusalem. Jésus-Christ a lui-même prédit dans l'Évangile selon saint Luc (chapitre 21, verset 24) que « *Jérusalem sera foulée aux pieds par les gentils jusqu'à ce que le Temps des Nations soit accompli* ». La capitale d'Israël est aussi condamnée par la prophétie de Prémol : « *Un coup de tonnerre ouvrit les nues, et j'aperçus Jérusalem sous une effroyable tempête, et ses murs étaient tombés sous les coups de bélier, et le sang ruisselait dans les rues ; car l'ennemi s'en était rendu maître.* » Par cette occupation débutera « *l'abomination de la désolation* ».

Arabes et peuples de l'ex-Union soviétique contracteront une alliance militaire, les uns fanatisés par l'intégrisme religieux, les autres aiguillonnés par la misère et par les remugles d'un communisme que l'on croit moribond mais qui n'attend que l'occasion de renaître de ses cendres, sur le fumier de la décomposition sociale et économique. « *L'Arabe et Hongrie feront un mesme cours* », nous dit Nostradamus dans le 63e quatrain de la Xe Centurie. Avant (Ve Centurie, 73e quatrain), il annonçait la persécution de l'Église et des populations chrétiennes lorsque « *seront Arabes aux Polons ralliez* ». Les Polons, ce sont probablement les Polonais, la partie pour le tout.

« *L'Oriental sortira de son siège* », nous avertit encore Nostradamus (IIe Centurie, 29e quatrain). Or cet « oriental », c'est aussi bien le peuple qui vient de l'Est que de l'Orient.

« *Regarde bien et écoute,* dit la Vierge Marie à Amsterdam, *l'Orient contre l'Occident. Europe, prends garde !* »

En 1972, Johanna Southcott, jeune fille d'un gentilhomme anglais du Devonshire, magicienne à ses heures, eut une révélation brève et soudaine concernant la fin des Temps : « *Quand viendra la guerre orientale, sachez que la fin est fatale.* »

Deux armées, l'une venue de l'Est et du Nord, l'autre venue du Sud et de l'Orient, convergeront ainsi en direction de l'Europe. Dans l'Ancien Testament, le prophète Ezéchiel (chapitre 38) nous décrit avec précision le déferlement des troupes ennemies, qu'il appelle Gog et Magog, et nous rappelle que leur bras sera armé par Dieu.

« Voici que je me tourne vers toi, ô Gog, du pays de Magog, prince souverain de Mosch et de Tobol. Je vais te traîner après moi. Je mettrai des crochets dans tes mâchoires, et je te ferai sortir de ton pays, toi et toute ton armée, chevaux et cavaliers, tous parfaitement équipés, formant une multitude innombrable, avec grands et petits boucliers, et tous maniant l'épée. Les guerriers de Perse, d'Éthiopie, de Libye seront avec eux, tous munis de boucliers et casques, Gomer et toutes ses troupes, la maison de Togarma de l'extrême Nord avec ses bandes. Tous ces peuples sans nombre seront tes auxiliaires. Tiens-toi prêt ; fais tes préparatifs, toi et toutes ces multitudes qui vont se rassembler autour de toi. Sois leur chef suprême.

Après bien des jours, tu recevras un ordre ; à la fin des Temps, tu iras dans un pays dont les habitants seront délivrés du joug de l'épée et rassemblés au sein de plusieurs nations ; tu viendras sur les montagnes d'Israël, longtemps désertes, mais où vivent maintenant en sécurité les habitants du pays, ramenés au sein des autres nations. Tu t'avanceras, tu arriveras comme l'ouragan ; comme une nuée tu couvriras le pays, toi, avec toutes tes troupes et les peuples nombreux qui seront avec toi. »

Ces pays délivrés de la guerre et réunis dans un cadre multinational, n'est-ce pas exactement l'Europe ? Ou s'agit-il de l'Organisation des nations unies ?

L'Apocalypse de saint Jean, le dernier des livres du Nouveau Testament, consacré au sort ultime de l'homme, nous offre une description saisissante des envahisseurs dont parlait déjà la Bible. On sait que son récit montre Jean de Patmos s'élevant au ciel pour contempler de là les scènes grandioses et tragiques de la fin des Temps. Le Livre des Desseins divins se trouve révélé à l'apôtre, qui en ouvre successivement les sept sceaux. À l'ouverture du septième, il découvre le châtiment que Dieu enverra aux hommes. Sept trompettes en sonneront les différentes étapes. Lorsque retentit la cinquième, des « sauterelles » surgissent de la fumée. Mais des sauterelles tout à fait symboliques, qui évoquent immanquablement nos avions et autres appareils de guerre modernes ! « *Or ces sauterelles, à les voir, font penser à des chevaux équipés pour la guerre ; sur leur tête on dirait des couronnes d'or, et leur face ressemble à des faces humaines... Leur thorax rappelle des cuirasses de fer, et le bruit de leurs ailes, le vacarme de chars aux multiples chevaux se ruant au combat ; elles ont des queues pareilles à des scorpions, avec des dards.* »

Lorsque la sixième trompette se fait entendre, une nouvelle armée apparaît « *afin d'exterminer le tiers des hommes... Elle compte deux cents millions de cavaliers... Ils portent des cuirasses de feu, d'hyacinthe et de soufre ; quant aux chevaux, leur tête est comme celle du lion, et leur bouche crache feu, fumée et soufre. Alors le tiers des hommes fut exterminé par ces trois fléaux : le feu, la fumée et le soufre vomis de la bouche des chevaux.* »

Armée innombrable, formidablement équipée, et d'autant plus irrésistible qu'elle marchera sur des fronts multiples. Tandis que les Russes balaieront l'Allemagne et toute l'Europe du Nord, les Musulmans progresseront par plusieurs offensives méditerranéennes. « *La Perse tourne envahir Macédoine* », nous dit Nostradamus (IIe Centurie, 96e quatrain). Jusqu'où iront-ils ? « *Dans le Danube et du Rhin viendra boire le grand chameau* », ajoute le prophète (Ve Centurie, 68e quatrain). Ce chameau symbolise l'armée arabe qui devrait donc opérer la jonction avec les troupes slaves sur les rives de ces grands fleuves européens.

Plus à l'ouest, les Musulmans retrouveront les chemins de conquêtes des anciens Maures. L'Espagne sera envahie, selon le 55e quatrain de la Ve Centurie de Nostradamus :

De la felice Arabie Contrade
Naistra puissant de loi mahométique
Vexer Espaigne, Conquesta, Grenade,
Et plus par mer a la gent lygustique.

La péninsule Ibérique sera donc soumise à la loi islamique, conquise par le peuple libyen (lygustique). Les tentatives de résistance seront écrasées : « *Loin d'Ibère au royaume de Grenade, Croix repoussés par gent mahométique* », lit-on dans le 20e quatrain, IIIe Centurie.

L'Italie subira le même sort (I, 9) :

De l'Orient viendra le cœur Punique
Fascher Hadrie, et les hoirs Romulides,
Accompagné de la classe lybique,
Temples Melites et proches Isles vuides.

Il n'est pas besoin de traduire : ce cœur punique, ce sont les Carthaginois, les Africains du Nord, qui irrités par la situation en Adriatique, mer baignant la Yougoslavie, et par l'attitude des papes « héritiers » de Rome, envoient leur flotte (classe) à l'assaut de l'Italie. Les Mélites sont peut-être les « melkites », nom que les musulmans donnaient autrefois aux catholiques. Ainsi la guerre viderait les églises chrétiennes et les îles de la Méditerranée.

Mais l'objectif central, c'est le siège de la papauté. Joachim de Flore, savant, poète et philosophe du XIIe siècle, prédit à celle-ci un lourd châtiment : « *Rome, ville privée de toute discipline chrétienne, est la source de toutes les abominations de la chrétienté ; c'est elle que frappera d'abord le jugement de Dieu.* »

Jean de Vatiguerro prophétise que le souverain pontife devra fuir précipitamment la Ville Sainte et que lui et les siens auront de la chance « *s'ils peuvent trouver un lieu de refuge où chacun puisse avec les siens manger seulement le pain de la douleur dans cette vallée de larmes* ».

Voilà qui confirme la vision prophétique qu'eut le pape Pie X, sur son lit de mort, en 1914 : « *J'ai vu l'un de mes successeurs qui s'enfuyait enjam-*

bant le corps de ses frères. Il se réfugiera incognito quelque part ; et après un bref répit, il mourra de mort cruelle. » Cette retraite précipitée, suivie de la fin brutale du souverain pontife, est une constante dans toutes les prémonitions. Et ce pape, c'est bien sûr Pierre le Romain, le 112e de la prophétie de saint Malachie, à la tête de la Chrétienté lors de cette « ultime persécution ».

Rome rasée de fond en comble, les musulmans poursuivront leur chemin. « *Passer les monts Appenins voir la Gaule : transpercera le ciel, les eaux et neige ; et un chacun frappera de sa gaule* », écrit Nostradamus (II, 29).

Divisée, mal préparée, la France sera incapable de se défendre contre cet envahisseur. C'est ce que nous dit le célèbre quatrain :

Par la discorde négligence gauloise
Sera passage à Mahomet ouvert,
De sang trempé la terre et mer Senoise,
Le port Phocéen de voiles et nefs couvert.

Le port Phocéen, c'est évidemment Marseille, envahie par les navires adverses. La simple géographie fera alors de la France le lieu de convergence de toutes les têtes de pont ennemies. L'envahisseur arrivera par les Pyrénées, par la mer, par l'Italie, par les Balkans et par l'Allemagne.

France à cinq pars par neglect assaillie,
Tunys, Argel esmeuz par Persiens :
Leon, Seville, Barcellone faillie
N'aura la classe par les Vénitiens.

Les Irakiens (persiens) auront soulevé (esmeuz) les autres nations arabes, telles que la Tunisie ou l'Algérie. Les grandes villes espagnoles puis françaises succomberont, sans pouvoir attendre de secours de l'Italie, elle aussi placée sous le joug.

Paris ne pourra tenir longtemps. Sa destruction est partout annoncée. Jean de Vatiguerro voit « *la prise, la spoliation et la dévastation de la capitale et maîtresse de tout le royaume des Français* ». « *Paris sera un vrai carnage* », dit une religieuse anonyme dont le recueil de prophéties, publié en 1882, lui a valu le surnom d'« extatique de Tours ». La ville sera mise à feu et à sang, on se battra rue après rue, de maison en maison. Les plus chanceux trouveront refuge dans les caves, dans les égouts et dans les innombrables grottes et carrières du sous-sol parisien. Le vrai châtiment attendra encore un peu...

Après de longues tergiversations, les Américains en proie au désordre intérieur interviendront cependant pour tenter de sauver l'Europe, ou ce qu'il en reste. La guerre sera alors véritablement mondiale. On se battra partout : « *les désastres seront du Nord au Sud, du Sud à l'Ouest et de l'Occident à l'Orient* », dit la Vierge à Amsterdam.

Aucune nation ne pourra résister à ce tourbillon infernal. Jeanne Le Royer, une religieuse qui vécut au XVIIIe siècle, avait annoncé que l'arrivée de l'Antéchrist serait précédée de guerres sanglantes : « *Les peuples s'élèveront contre les peuples, les nations contre les nations, tantôt divisées et tantôt unies pour combattre, pour ou contre le même parti.* »

À ce stade du conflit, les alliances seront sujettes à d'imprévisibles retournements. La guerre ne sera plus seulement une guerre de nation contre nation, mais une guerre de races, de villes, de clans. Toutes les prophéties prédisent cette terrible déviation. Ainsi celle de Prémol : « *Les hommes et les peuples se sont levés les uns contre les autres. Guerres, guerres ! Guerres civiles, guerres étrangères ! Quels chocs effroyables ! Tout est deuil et mort...* »

La Vierge de La Salette s'effrayait également de ces combats fratricides : « *La France, l'Italie, l'Espagne et l'Angleterre seront en guerre. Le sang coulera dans les rues. Le Français se battra avec le Français, l'Italien avec l'Italien ; ensuite il y aura une guerre générale qui sera épouvantable. On se tuera, on se massacrera mutuellement jusque dans les maisons.* »

C'est dans ce chaos qu'interviendra subitement le Tout-Puissant. De nombreuses prophéties insistent en effet sur le caractère à double détente du châtiment divin. D'abord les guerres et les révolutions, puis le cataclysme planétaire qui fera table rase... ou presque.

Pour châtier les hommes, Dieu s'est d'abord contenté de porter à leur paroxysme leurs passions guerrières, sans doute pour les mettre une bonne fois en face de leur monstruosité. La seconde étape, c'est le nettoyage par le vide de cette planète dévastée. L'intervention divine ne se fera pas, comme se l'imaginent naïvement certains, de façon « personnelle ». Renonçons une fois pour toutes à nos conceptions anthropomorphiques de la Toute-Puissance céleste. Oublions ces images d'Épinal qui expliquaient le Déluge en nous montrant un Dieu barbu et joufflu en train de cracher sur la Terre.

Le « Choc Effroyable » se fera de façon très matérielle, physique, par le biais des quatre éléments : l'eau, la terre, l'air et surtout le feu. Ce dernier, nous l'avons vu, sera l'instrument privilégié de la prochaine destruction.

La Sibylle chaldéenne, grande devineresse de l'Antiquité, menaçait déjà : « *Si vous ne m'écoutez pas, le feu descendra sur la Terre. Voici les signes qui l'annonceront : au lever du soleil, on verra des épées, on entendra des grondements et des bruits formidables. Le feu consumera toute la Terre, il détruira toute la race humaine, toutes les villes, les fleuves et la mer; il brûlera tout et réduira le monde en une poussière noirâtre.* »

Quelle sera exactement l'origine de ce feu ? Les scénarios sont multiples. Au plus fort d'un conflit mondial, on pense bien sûr à une explosion atomique. À court de ressources, acculées à la défaite, certaines nations risquent d'avoir recours à cette arme aussi dévastatrice que suicidaire, puisqu'elle entraîne la réplique adverse et des réactions en chaîne.

Écrits il y a des siècles et des siècles, les textes prophétiques hindous ont à cet égard une étrange résonance. Ainsi le *Ramayana* nous livre la vision d'une « *arme inconnue, un tonnerre de fer, gigantesque messager de la Mort, qui réduisit en cendres tous les membres de la race des Vrishnis et des Andhakas* ». Cette arme se présenterait sous la forme d'un « *projectile unique chargé de la puissance de l'Univers. Une fumée incandescente, semblable à dix mille soleils, s'éleva dans sa splendeur* ». Après l'explosion, le texte hindou évoque des « *nuages azurés en forme d'œuf ou de globe lumineux* ». Peut-on mieux décrire les champignons atomiques ?

Pour ma part, je n'exclus en aucune façon cette catastrophe nucléaire. Pas plus qu'un gigantesque séisme « *comme il n'y en eut jamais depuis que l'homme vit sur terre* » (Apocalypse de Jean). Pour l'année 1992, on ne dénombre pas moins de soixante-dix séismes meurtriers : Californie, Indonésie, Égypte, Nicaragua... Auxquels s'ajoute le réveil des volcans. La Terre gronde déjà... Dans ce cas, le feu destructeur des prophéties serait de la lave en fusion.

On peut craindre cependant que ce séisme ne soit la « simple » conséquence d'un cataclysme plus formidable encore : l'entrée dans notre atmosphère d'un astéroïde qui balaiera la planète ou même entrera en collision avec elle. Lorsqu'ils abordent le sujet des « signes de la fin des Temps », les prophètes ne parlent-ils pas d'une comète, visible de tous ? Celle-ci pourrait s'approcher de beaucoup trop près, comme il est suggéré dans ce quatrain de Nostradamus (II, 41) :

La grande estoile par sept jours bruslera
Nuée fera deux soleils apparoir
Le gros mastin toute nuict hurlera
Quand grand pontife changera de terroir.

Le visionnaire de Salon-de-Provence nous donne ici une précieuse indication chronologique : le deuxième soleil qui menace de tout brûler sur Terre ferait son apparition peu après que le pape, chassé par l'invasion arabe, aura quitté Rome.

Cette comète, nous la retrouvons dans le deuxième secret de la Vierge de Fatima : « *Lorsque vous verrez une nuit éclairée par une grande lumière inconnue, sachez que c'est le signe que Dieu vous donne qu'elle est prochaine la punition du monde.* » À ce message fait écho la prophétie du célèbre voyant italien Jean de Vatiguerro : « *On verra dans le ciel des signes nombreux et très surprenants. Des étoiles se choqueront, ce qui sera le signal de la destruction et du massacre de presque tous les hommes* » ; et encore cette révélation de la Vierge, apparue aux yeux de Veronica, une jeune Américaine de Beyside, dans l'État de New York : « *Le châtiment qui sera envoyé sur l'humanité, mon enfant, sera une grande boule de feu qui se précipite à travers le ciel et qui lance des particules dorées...* »

Une météorite comme signal et instrument de la colère divine... Quand la Troisième Guerre mondiale battra son plein, il ne nous restera plus qu'à guetter, comme nous y invite Nostradamus (X, 60), le jour où « *apparoistra vers le Septentrion, non loing de Cancer l'estoile chevelue* »...

Peu importe finalement la nature exacte du grand fléau. Ce qui est certain, c'est que tout ira vite, très vite. Tous les prophètes s'accordent sur ce point : le cataclysme sera « *instantané, de courte durée, mais terrible* ». Anna-Maria Taïgi, une religieuse de l'ordre de la Sainte-Trinité, annonçait à la fin du XVIIIe siècle, en Italie : « *Celui qui, par curiosité, ouvrira sa fenêtre au moment du fléau ou qui sortira par la porte, tombera mort à l'instant même.* » N'est-ce pas aussi ce que dit le Padre Pio, en parlant au nom du Christ : « *Je vous donnerai un signe pour vous indiquer le commencement du grand jugement : en une froide nuit d'hiver, je ferai retentir le tonnerre qui fera vibrer les montagnes. Alors fermez vos fenêtres et ne regardez pas dehors...* »

La catastrophe donnera un coup d'arrêt brutal aux combats et aux appétits territoriaux. L'esprit de conquête s'évanouira, étouffé par la terreur. Les hommes seront les jouets d'une kyrielle de cataclysmes : raz de marée, séismes, pluies de pierre et de feu, gaz mortels... Écoutons plutôt Sophonie, un des prophètes « mineurs » de l'Ancien Testament, au chapitre 1, versets 15 à 18:

Jour de fureur, ce jour-là !
Jour de détresse et de tribulation,
Jour de désolation et de dévastation,
Jour d'obscurité et de sombres nuages,
Jour de nuées et de ténèbres,
Jour de sonneries de cor et de cris de guerre
Contre les villes fortes et les hautes tours.
Je livrerai les hommes à la détresse
Et ils iront comme des aveugles
(parce qu'ils ont péché contre Yahvé);
Leur sang sera répandu comme de la poussière,
Leurs cadavres jetés comme des ordures.
Ni leur argent, ni leur or
Ne pourront les sauver.

La prophétie de Prémol, dans son style si dramatique, s'épouvante de ces nouveaux désastres naturels: « *Eh quoi, Seigneur ! Votre bras ne s'arrête pas ! N'est-ce pas assez de la fureur des hommes pour tant de ruines fumantes ? Les éléments doivent-ils encore servir votre colère ? Arrêtez, Seigneur, arrêtez ! Vos villes s'abîment d'elles-mêmes.* »

En effet, ce sera le coup de grâce pour la plupart des métropoles. Et notamment Paris... Le prince Hohenlohe, sujet à des visions prophétiques, écrivait dans une lettre datée de 1828: « *Paris sera détruit ; le feu qui tomba sur Sodome et Gomorrhe tombera sur elle, et pour la détruire, le ciel s'unira à la terre ; Paris sera enseveli sous une pluie de soufre, et l'on n'y verra que des précipices.* »

« *La capitale disparaîtra dans les flammes* », disait aussi sainte Odile.

En 1846, la jeune bergère Mélanie Calvat, âgée d'une quinzaine d'années, vit la Vierge à La Salette. Cinquante ans plus tard, elle se rendit à Paris à l'occasion de cet anniversaire. En se promenant sur les quais, elle eut soudain une vision qu'elle confia à l'amie qui l'accompagnait : « *Vous voyez la Seine ? Si vous saviez combien de gens y viendront et y seront jetés ! Et ce n'est pas tant ceux qu'on y jettera – il y en aura certainement – mais le plus grand nombre viendra s'y jeter, tout affolé, fuyant le feu qui sera suspendu au-dessus de la ville ! Ils s'y jetteront comme fous de terreur, croyant éviter ainsi ce feu menaçant !* »

•

Aux flammes succéderont les ténèbres. Le grand cataclysme plongera en effet la Terre dans une période de noirceur absolue qui durera, selon les Écritures, trois jours et trois nuits. « *L'éclat des lumières s'éteindra* », dit Zacharie (14, 3). De la même façon, au moment de la mort du Christ sur la Croix, le soleil s'éclipsa et l'obscurité se fit pendant trois heures.

Ces trois jours sombres seront dus sans doute à l'extraordinaire masse de particules projetée dans l'atmosphère. À moins, comme j'en ai émis l'hypothèse plus haut, qu'ils ne soient la conséquence d'un changement d'axe de la Terre, suite à l'impact d'un astéroïde sur notre planète. Notre hémisphère ne verra plus le Soleil, tandis que les continents asiatique et austral grilleront sous ses rayons impitoyables. Ce changement d'axe, on le trouve évoqué dans Nostradamus :

Vous verrez tost et tard faire grand change
Horreurs extrêmes et vindications
Que si la Lune conduicte par son ange
Le ciel s'approche des inclinaisons.

Quoi qu'il en soit et quelle que soit leur origine, les Trois Jours de Yahvé seront certainement l'épreuve la plus cruelle de toutes. Ceux qui auront survécu à la guerre et aux soubresauts de la planète seront-ils encore assez forts, physiquement et moralement, pour supporter l'angoisse qui semblera se déverser du ciel ? Beaucoup ne pourront supporter d'entendre retentir dans le noir les lamentations des mourants.

Quel texte mieux que la *Voluspa,* poème de la mythologie nordique écrit vers le IXe siècle, nous décrit ce moment où basculent à la fois le monde et la raison humaine ?

Les montagnes s'écroulent,
Les hommes tâtonnent vers l'enfer,
Et le ciel s'entrouvre,
Le soleil s'enténèbre,
La terre s'abîme dans la mer,
Les étoiles vacillent dans les hauteurs du ciel...
Les frères tueront les frères,

Les parents détruiront leurs propres parents,
Pervers deviendra le monde
L'homme s'effondrera, frappé par l'homme.

Quels conseils nous donnent les textes sacrés et les prophéties sur la conduite à suivre ? « *Allez dans les creux des rochers,* dit l'Ancien Testament, *et dans les antres de la terre.* »

L'abbesse de Gandersheim, sœur Hroswitte, décrit ainsi, pour sa part, les conditions de survie : « *Ils creuseront des trous comme les taupes tandis que dans l'air se répandra l'odeur de la mort.* »

En fait, il sera inutile de chercher à s'échapper. On lit dans l'Apocalypse de saint Jean que seuls seront épargnés, *in extremis,* les 144 000 Justes que le Seigneur aura pris soin de marquer au front avant de malmener la Terre... Mais en attendant, dans le chaos indescriptible qui suivra le feu et la nuit, les survivants – Justes mis à part – seront encore soumis à mille épreuves, et punis selon leurs actions. « *Ceux qui ont traité nos signes de mensonges seront livrés au supplice ignominieux* », prévient le Coran (sourate 23). « *Celui qui est loin mourra par la peste, celui qui est proche tombera sous le glaive, survivants et assiégés périront par la famine, et j'épuiserai ma fureur sur eux* », dit Yahvé dans le livre d'Ézéchiel, verset 12 du chapitre 6.

« *S'il en reste qui sont épargnés,* dit encore Ézéchiel, chapitre 7 verset 16 et suivants, *ils se sauveront et ils seront dans les montagnes comme les colombes des vallées, toutes gémissantes, chacun pour son péché. Toutes les mains seront défaillantes, et tous les genoux s'en iront en eau. L'épouvante les enveloppera, sur toutes les faces il y aura de la confusion et sur toutes les têtes de la calvitie. Leur argent, ils le jetteront dans les rues et leur or leur sera un objet de répulsion : ils ne rassasieront pas leurs corps et leurs entrailles.* »

Même impression chez le prophète Isaïe, où la fin des ténèbres ne met pas un terme aux douleurs des hommes : « *Les habitants de la Terre sont consumés, un petit nombre d'hommes survit. Il ne reste dans la ville que décombres. Car il en est dans le pays, au milieu des peuples, comme des olives qu'on gaule, comme des raisins qu'on grappille, la vendange est finie. Mais moi, je dis : Malheur à moi ! Malheur à moi ! Hélas ! Les pillards pillent, les pillards s'acharnent au pillage. L'épouvante, la fosse et le filet vont te saisir, habitant de la terre. Celui qui fuira pour échapper à l'épouvante tombera dans la fosse. Celui qui se tirera de la fosse sera pris au filet.* »

Quelle sorte d'humanité subsistera sur terre ? Celle que nous décrit le *Lunga-Purana* mérite à peine ce nom : « *Les gens s'entre-tueront furieusement. À la fin il restera çà et là des groupes de gens qui s'entre-tueront pour se voler mutuellement. Agités et confus, ils abandonneront leurs femmes et leurs maisons. Ils seront sans loi, sans honte, sans amour. Ils vivront de racines et de fruits, seront vêtus d'écorce, de feuilles, de peaux de bêtes. Ils n'utiliseront plus de monnaie. Ils auront faim, seront malades et connaîtront le désespoir.* »

Les hommes en seront réduits au cannibalisme. J'en ai acquis l'horrible certitude par les visions que m'ont imposées les Vingt-Quatre Vieillards avant de m'envoyer sur Terre pour ma dernière incarnation. Ces images, je les ai malheureusement vues confirmées par Nostradamus. Dans un quatrain déjà cité, il nous dit que la famine sera si universelle que l'on arrachera l'enfant au sein de sa mère pour le manger. « *L'homme d'homme sera anthropophage* », lit-on dans le 75e quatrain de la IIe Centurie.

La prophétie de Prémol pousse à l'extrême la description de cette déchéance humaine : « *La corruption allait croissant, les hommes se changeaient en reptiles et se baignaient et vivaient dans ces eaux fangeuses.* »

Dès lors, il n'est plus question de guerre de nationalités ou de religion. Chacun tente de survivre dans ce nouveau monde sans foi ni loi. Époque de misère physique et morale... C'est ce que nous dit Amos : « *Voici venir le temps où j'enverrai la faim dans le pays. Non la faim du pain, mais celle d'entendre la parole de Yahvé. Les hommes tituberont d'une mer à l'autre, du Nord au Levant, errant et cherchant sans trouver.* »

Profitant de ce complet désarroi, un homme va surgir, une figure apparemment charismatique va subjuguer la Terre entière : l'Antéchrist !

En affirmant cela, je sais que je vais à l'encontre de pratiquement toutes les chronologies « officielles » de la fin des Temps. Ma conception originale me vaudra sans doute d'être violemment pris à partie par les tenants de l'orthodoxie eschatologique. Ceux-ci en effet placent la venue de l'Antéchrist *après* celle du Grand Monarque et du Grand Pape, deux êtres qui, nous le verrons, parviendront à rétablir l'harmonie sur Terre.

Je n'ai jamais pu adhérer à cette chronologie qui me semble tout à fait illogique. Je vois mal, en effet, comment l'action bénéfique de ces deux souverains, l'un temporel et l'autre spirituel, ouvrirait la porte au Malin. Si le Grand Monarque réussit à juguler le désordre et à promouvoir des sentiments plus fraternels sur Terre, on conçoit mal qu'il puisse céder soudain la place aux visées néfastes de l'Antéchrist.

En revanche, il est parfaitement concevable qu'une figure forte, même satanique, mais habilement déguisée au début en « sauveur », parvienne à s'imposer auprès de survivants regroupés en quelques clans barbares. Voilà des âmes parmi lesquelles l'Antéchrist pourra aisément moissonner... Le 84e quatrain de la Première Centurie de Nostradamus semble apporter de l'eau à mon moulin : « *Lune obscurcie aux profondes ténèbres* (jours de Yahvé), *son frère passe de couleur ferrugine, le grand caché* (l'Antéchrist) *longtemps sous les ténèbres, teindra fer dans la playe sanguinaire.* »

Quand viendra-t-il exactement ? Restons circonspects... Faut-il suivre les vers fameux du 72e quatrain, Xe Centurie de Nostradamus, qui ont tant fait couler d'encre :

L'an mil neuf cens nonante neuf sept mois
Du ciel viendra un grand roy d'effrayeur.

Ce roi des frayeurs pourrait désigner aussi bien la comète du Jour de Yahvé que l'Antéchrist. Si l'on suit ma théorie, la question n'est pas si cruciale puisque les deux événements sont concomitants ou presque. 1999... L'échéance semble aujourd'hui bien proche. La fin des Temps pourrait-elle venir aussi vite ? Contentons-nous de noter ici qu'en renversant 1999 on obtient 6661, soit le chiffre de la Bête, opposé à l'Un divin...

On dit que l'Antéchrist aurait trente-trois ans au moment de son avènement – le même âge que le Christ à sa mort. Le « fils de perdition » serait donc vivant à cette heure-ci...

Au cours de mes méditations, j'ai vu le visage d'un jeune homme vivant à Londres et qui surprend les plus hautes personnalités par ses dons de « magicien ». Déjà, il étend son emprise psychique comme sa fortune personnelle. Les ondes négatives émanant de lui sont les plus fortes que j'aie jamais perçues. N'est-il qu'un sorcier aux pouvoirs extraordinaires ou pourrait-il être l'Antéchrist, qui attend déjà son heure en embuscade ? Je relis souvent et je m'interroge sur l'énigme du 76e quatrain, VIIIe Centurie de Nostradamus :

Plus Macelin que Roy en Angleterre
Lieu obscur nay par force aura l'empire :
Lasche sans foy sans loy saignera terre,
Son temps s'approche si près que je soupire.

Encore une fois, et malgré de fulgurantes visions, je me garderai bien de dater la fin de notre ère ni d'affirmer que l'Antéchrist est Untel ou Untel. Il me semble plus intéressant de me demander quelle sera la nature véritable de cet Antéchrist. Simple mortel ou image métaphysique du mal ? Avant tout, il me paraît devoir être l'anti-Christ, celui qui s'oppose au Christ, plutôt que l'Antéchrist, celui qui est « avant », donc qui précéderait le retour du Christ. Son but réel – non affiché au début de son règne – sera d'éradiquer le message christique. Il sera l'ultime personnification de la Bête de l'Apocalypse, ce monstre symbolique à l'affût de tous les moyens pour porter la parole de Satan.

Surgie du chaos, cette Bête, longtemps, fera l'ange. L'Antéchrist séduira les foules, aux yeux desquelles il apparaîtra comme un homme providentiel. Selon les prophéties, il mettra fin aux hostilités en prétendant vouloir sauver la Terre. En réalité, ce « Prince d'Iniquité » mènera à leur ruine tous ceux qui accepteront de le suivre. Et beaucoup le suivront, car il saura se parer de toutes les séductions. D'une beauté troublante, d'une formidable intelligence, il s'imposera bientôt par son charisme et deviendra le Grand Conciliateur, s'attirant le soutien de tous, y compris des Croyants. Car ce « fils de perdition », comme l'appelle saint Paul, saura se présenter comme un homme d'Église et de prière.

Il accomplira même des prodiges. La sibylle de Tibur, dans les premiers siècles de la chrétienté, disait de l'Antéchrist que *« par ses sacrifices magiques, il surprendra la bonne foi de plusieurs qui verront, à sa voix, descendre le feu du ciel »*. Il paraîtra en effet produire des éclairs, le tonnerre, la grêle, renverser les montagnes, détourner les fleuves. Il fera mine de guérir les infirmes, de chasser les démons, et parfois de ressusciter les morts.

Il sera la quintessence des faux mages qui pullulent de nos jours. Quand on sait le succès que remportent ces « faiseurs de miracles » dans le monde structuré d'aujourd'hui, comment s'étonner qu'un être exceptionnel d'habileté, inspiré par le Malin, étende son pouvoir sur les hordes égarées sorties des horreurs des Trois Jours de Ténèbres ?

Ses dons lui permettront donc de subjuguer ce qu'il restera de l'humanité et de ses chefs. Il aura d'autant plus d'audience que ses prêches se feront plus tentants. Homme d'Église, certes, mais d'une Église du plaisir idolâtre. « *Vous pouvez faire ce qu'il vous plaira,* lui fait dire sainte

Hildegarde. *Renoncez au jeûne, il suffit que vous m'aimiez, moi, qui suis votre seul Dieu.* »

Et ses adorateurs de s'engouffrer dans le rejet de toute spiritualité pour mieux s'abandonner à la facilité docile. L'Antéchrist finira ainsi par imposer sa loi politique et sociale. Le premier, il mettra en application l'idée d'un salaire universel, égal pour tous, programme qui lui apportera bien évidemment tous les suffrages, vu l'état dans lequel se trouvera la planète.

Alors seulement, quand il aura établi son total pouvoir, l'Antéchrist révélera sa malice. Les gens s'apercevront que son seul but était d'installer sa puissance pernicieuse sur le monde. Il apparaîtra enfin comme l'anti-Christ, c'est-à-dire l'antigénérosité, l'anti-amour. « *Il détruira d'une façon prodigieuse,* dit Daniel aux versets 24 et 25 du chapitre 8, *réussira dans ce qu'il fera et détruira les puissants et le peuple des saints, et à cause de son habileté, la tromperie réussira par sa main et grandira dans son cœur.* »

Le Prince d'Iniquité trouvera le moyen de se maintenir en employant la corruption, les prodiges et surtout la terreur. Tous ceux qui oseront élever la voix contre lui seront mis à mort.

Le moine Adson écrivait en 954 à la reine Gerberge, épouse du roi de France Louis IV d'Outremer : « *Cette redoutable tribulation durera trois ans et demi, les quarante-deux mois de l'Apocalypse.* »

Quarante-deux mois, mille deux cent soixante jours, c'est aussi le temps que saint Jean donne aux Deux Témoins venus fouler la Ville Sainte pour s'opposer au pouvoir de la Bête. Ces deux témoins, ce sont les réincarnations de Hénoch et Élie, le patriarche et le prophète qui ont en commun d'avoir été jadis enlevés au ciel sans passer par la mort. Hénoch est doté d'une force colossale, tandis qu'Élie est un jeune homme irradiant de lumière.

Les deux témoins s'élèveront contre l'Antéchrist, sans toutefois immédiatement le vaincre. Ils seront mis à mort à Rome, reconstruite par l'Antéchrist qui en aura fait le siège de sa domination planétaire. Leurs cadavres seront exposés aux regards de tous.

Mais avec ce dernier crime, le Prince d'Iniquité signera son arrêt de mort. Sainte Hildegarde nous raconte ainsi sa fin : « *Quand le fils de perdition aura accompli tous ses desseins, il rassemblera ses croyants et leur dira qu'il veut monter au ciel. Au moment même de cette ascension, un coup de foudre le terrassera et le fera mourir. D'un autre côté, la montagne où il sera établi pour opérer son ascension sera à l'instant couverte d'une nuée qui répandra une odeur de corruption insupportable et vraiment infernale, ce qui, à la vue de son cadavre couvert de pourriture, ouvrira les yeux à un grand nombre de personnes et leur fera reconnaître leur misérable erreur.* »

Le miracle vrai – que constitue l'anéantissement de l'Antéchrist est-il le signe de la miséricorde divine ? Sans doute. L'humanité semble être allée alors jusqu'au bout de l'ignominie, de la souffrance, mais aussi du châtiment. Et subsistent les Justes. Les 144 000 Justes de l'Apocalypse de Jean (ou plus, ou moins, nous le verrons, cela dépendra de chacun de nous). Pour eux, Dieu décide de mettre fin à l'immense châtiment. Souvenons-nous du verset 22, chapitre 24 de l'Évangile de saint Matthieu : « *Et si ces jours-là n'étaient pas abrégés, nul n'aurait la vie sauve ; mais à cause des élus, ils seront abrégés, ces jours-là...* »

Les terribles tribulations que nous venons d'évoquer doivent ouvrir sur « un ciel nouveau, une terre nouvelle ». En exergue de ce chapitre, je citais ce vers de Nostradamus : « *Lors se perdra la piscature barque...* » Piscature, ce sont bien sûr les poissons. Car au terme de toutes ces épreuves, c'est l'ère des Poissons qui s'achèvera. « *De pleur, de cri, de peine, il n'y en aura plus,* se réjouit saint Jean à la fin de l'Apocalypse, *car l'ancien monde s'en est allé.* »

Vous aurez aussi à entendre parler de guerres et de rumeurs de guerres ; voyez, ne vous alarmez pas : car il faut que cela arrive.

Évangile selon saint Matthieu

CHAPITRE SEPTIÈME

D'UNE ÈRE À L'AUTRE...

Ceux qui seront marqués au front

Après le déchaînement de l'orage, une pluie fine et consolatrice arrosera la Terre. Les trompettes et le vacarme céleste feront place à un silence apaisant. Les grandes tribulations apocalyptiques seront enfin terminées, grâce à Dieu... l'Antéchrist terrassé, la Bête sera jetée « *dans l'étang de feu et de soufre embrasé* », nous dit Jean, et Satan enchaîné.

La mort de l'Antéchrist plongera tout d'abord les foules dans une grande confusion : l'écroulement du système politique et de la fausse morale qu'il aura érigés laissera en effet un vide angoissant.

Mais cette dernière épreuve sera de courte durée. Car c'est alors qu'apparaîtra une figure véritablement salvatrice, le Grand Monarque dont parlent toutes les cyclologies de la fin des Temps mais en situant curieusement sa venue, nous l'avons dit, avant celle de l'Antéchrist. J'ai déjà énoncé les raisons qui m'empêchent d'adhérer à cette thèse : pour moi, l'Antéchrist ne saurait succéder aux deux grandes figures qui ramèneront l'Esprit de Dieu sur Terre : Pontifex Maximus et le Grand Monarque.

Ce souverain, l'imagerie traditionnelle lui associe la couleur blanche, qui marque à la fois la fin de la nuit et la naissance du jour. Symbolisant aussi bien la mort que le renouveau, le blanc est par excellence la couleur de la transition : le règne du prestigieux monarque clôt l'ère des Poissons et ouvre celle du Verseau.

Le bienheureux Raban Maur, archevêque de Mayence, conseiller de Louis le Preux, annonçait au IVe siècle l'arrivée de ce souverain : « *Vers la fin des Temps un descendant des rois francs établira son règne sur tout ce qui a été l'Empire romain : il sera le plus grand et le dernier de tous les rois...* » On retrouve l'écho de cette prophétie chez saint Rémy, archevêque de Reims, qui précise que le Grand Roi « *arrivera comme par miracle, et qu'il sera du sang de la vieille cape* »...

S'agirait-il dès lors d'un descendant des rois de France, et en particulier des Capétiens ? C'est ce que de nombreux exégètes ont cru pouvoir affirmer. Pour ma part, je serais plus réservé. Cette hypothèse sent trop sa restauration royaliste pour emporter mon adhésion. Ce qui m'intéresse énormément, en revanche, c'est la notion de descendance : le Grand Monarque nous est présenté comme l'héritier d'une tradition séculaire, voire millénaire. D'ailleurs, Raban Maur ne se contentait-il pas de répéter ce qu'avait écrit bien avant lui saint Augustin (354-430)? On peut remonter plus loin encore, car avant d'évoquer la personnalité du Grand Monarque, saint Augustin, le célèbre évêque d'Hippone, signalait lui-même qu'il ne faisait que rapporter une tradition bien plus ancienne : « *Quelques-uns de nos docteurs disent qu'un roi franc possédera un jour l'empire romain...* »

Pour Nostradamus, en revanche, le Souverain viendra d'Orient. Mais surtout, le mage de Salon-de-Provence suggère (75e quatrain, Xe Centurie) que son fameux héritage sera de nature ésotérique :

Tant attendu ne reviendra jamais
Dedans l'Europe ; en Asie apparoistra
Un de la ligue yssu du grand Hermès
Et sur tous Roys des Orients croistra.

L'Hermès dont il est question, c'est bien sûr Hermès Trismégiste, l'auteur du *Corpus Hermeticum,* recueil de traités qui marie la science égyptienne et la philosophie néoplatonicienne, affirmant que le Cosmos est un être vivant et que l'homme lui est consubstantiel. Le Grand Monarque appartiendrait donc à la longue filiation des héritiers de la Tradition ésotérique.

Je suis convaincu en effet qu'en dépit de toutes les destructions causées par les tribulations apocalyptiques, les fameux secrets des Atlantes, dont l'Égypte et la Mésopotamie ont été les dépositaires, ne disparaîtront pas à jamais. Au contraire ! La nouvelle ère qui commencera après la mort de l'Antéchrist puisera son génie dans la redécouverte de cette Connaissance sacrée. C'est aussi ce que prophétise la *Voluspa*, le grand texte cosmologique des peuples nordiques : « *Au cœur de la verdure, les hommes retrouveront les tablettes d'or, tablettes merveilleuses qu'aux premiers jours avaient possédées leurs ancêtres...* » Qu'il vienne d'Europe ou d'Orient, le Grand Monarque sera en premier lieu un Grand Initié.

Éclairé par ce savoir des origines, il se révélera un souverain exemplaire. La prophétie de Prémol nous décrit ainsi son accession à la gloire : « *Et je vis venir de l'Orient un jeune homme remarquable monté sur un lion : il tenait une épée flamboyante à la main et le Coq chantait devant lui. Et sur son passage, tous les peuples s'inclinèrent.* » Le lion, c'est le symbole de la puissance souveraine, mais aussi de la sagesse et de la justice. Et le glaive lumineux évoque moins la fougue guerrière que la conquête de la Connaissance.

Car s'il est un combattant, le Grand Monarque sera surtout le rédempteur et le rassembleur de tous les survivants. Et son règne favorisera l'action d'un autre personnage annoncé par les prophéties : Pontifex Maximus, le Grand Pape. Tant il est vrai que les tribulations apocalyptiques seront suivies par la réconciliation entre le temporel et le spirituel. Si les peuples s'inclinent ainsi devant le Grand Monarque, nous précise la prophétie de Prémol, c'est que *« l'Esprit de Dieu était en lui. Il vint sur les ruines de Sion, et il mit la main dans la main du Pontife ».* « *Tous deux unis de cœur et d'âme feront triompher la réformation du monde* », se réjouit saint Césaire.

Attention, il ne s'agit pas ici de l'infamante collusion entre le sabre et le goupillon, par laquelle les élites ont longtemps asservi le peuple ! Nos anciens rois de France offrent une piètre idée du guide infaillible que figurera le Grand Monarque, de même que les papes de l'Église catholique ne sont que les affligeantes caricatures du futur Pontifex Maximus.

Sous l'impulsion de celui-ci, en effet, l'humanité renaissante assistera à une restauration de l'Église véritable. Une nouvelle religion verra le jour, plus proche, sans doute, du christianisme des origines. Finis les bondieuseries et les dogmes imposés, oubliée toute cette pompe vaticanesque qui bafoue ouvertement les vœux d'austérité des premiers chrétiens ! Le Grand Pape fera preuve d'humilité. Le Christ marchait pieds nus et ne possédait qu'une robe de bure : il ne portait aucun bijou en or, mangeait dans des calebasses ou dans des plats en terre. De même, à l'aube de l'Église du Verseau, la simplicité chassera enfin l'ostentation.

Ce rajeunissement extraordinaire du christianisme était annoncé au XIXe siècle par Joseph de Maistre : « *Il ne s'agit pas d'une modernisation de l'Église, mais d'une forme nouvelle de la religion éternelle qui sera au christianisme ce que celui-ci est au judaïsme.* » Un changement d'ère implique un changement de religion... Après le Bélier, les Poissons ; après les Poissons, le Verseau.

Traditionnellement, ce signe du Verseau est représenté par un homme qui tient une amphore sur l'épaule ou sous le bras. Nous retrouvons ce symbole dans l'Évangile selon saint Luc (chapitre 22, verset 10) : « *Vous rencontrerez un homme portant une cruche d'eau ; suivez-le* », dit le Christ aux Apôtres qui lui demandent où ils doivent préparer le repas pascal, lequel sera aussi leur dernier repas avant l'arrestation et la crucifixion de Jésus. Or cette Pâque, c'est le souvenir de la sortie des Juifs d'Égypte. Avant que le fléau exterminateur ne s'abatte sur le pays des Pharaons, les Hébreux avaient immolé l'Agneau, ils en avaient recueilli le sang et marqué le linteau de leur porte afin que Yahvé épargne leurs maisons. La Pâque reste synonyme d'un passage dans la souffrance : celui des Hébreux de l'esclavage à la liberté, celui du Christ de la mort à la résurrection. La mention chez Luc de ce « porteur d'amphore » guidant les Apôtres vers le repas pascal peut se revivre aussi bien comme une parabole : ne pourrait-elle pas évoquer le passage des élus à l'ère du Verseau, au milieu des tourments apocalyptiques ?

« La terre sera remplie de paix comme un récipient peut être rempli d'eau, nous dit la Tradition islamique ; la concorde sera universelle. » Ce récipient plein d'eau, n'est-ce pas encore l'amphore du Verseau ?

La vocation œcuménique du christianisme, longtemps étouffée, se développera pleinement. Le Pontifex Maximus accomplira ce miracle de rassembler toutes les religions. *« Il y aura un seul troupeau, un seul pasteur »*, dit Jean (chapitre X, verset 16). Le même Esprit de Dieu sera présent en tous les hommes : *« Je répandrai mon Esprit sur toute chair »*, lit-on dans les Actes des Apôtres (chapitre II, verset 17). *« De tous les points de la terre, les hommes se ressouviendront et se convertiront à lui »*, prophétise Isaïe (chapitre XXI, verset 27). Ce sera enfin l'avènement de l'Église d'amour, universelle...

Alliance sans heurt du civil et du religieux, fusion des différentes religions... L'humanité entrera alors dans le Millenium, un cycle de paix et de spiritualité. Ce terme de Millenium ne désigne pas nécessairement un millénaire, comme l'affirment certains, mais une longue et glorieuse période de plénitude qui recouvre l'ère du Verseau, où Satan demeurera enchaîné.

Les hommes auront accédé au Quatrième Plan Vibratoire. Cela n'implique pas que nous serons entièrement « spirituels » mais cela signifie que nous serons parvenus à un stade d'évolution qui nous permettra de mieux gérer le nécessaire équilibre entre rationalité et spiritualité, entre matière et esprit. La civilisation du Verseau fonctionnera selon un nouveau mode de pensée. Nos rapports avec les autres comme avec le monde seront modifiés.

Après le passage de l'ouragan apocalyptique, après l'expurgation des pensées les plus noires et les plus viles, la Nature sera comme vierge de nouveau. Elle se réconciliera avec la Science qui ne sera plus le despote parfois destructeur de notre planète que nous connaissons : après la redécouverte des secrets atlantes, les scientifiques se mettront entièrement au service de l'homme, dans le respect absolu de notre mère Gaïa. Il ne s'agira pas d'un retour à un âge primitif : au contraire, le Millenium verra s'épanouir une civilisation très évoluée mais dont les technologies « douces » ne porteront pas atteinte à l'écosystème.

Quant à nos rapports avec les autres, ils évolueront de la même façon. Le Verseau est le signe de la fluidité, et de la fraternité. Les impératifs moraux qui sont encore pour nous des idéaux lointains – « Aime ton prochain comme toi-même » – apparaîtront comme des évidences parfaitement naturelles : considération pour la personne humaine, compréhension des aspirations de chacun, sentiment d'appartenir à une collectivité, entraide, telles seront les valeurs régissant le Quatrième Plan Vibratoire humain. Isaïe évoque ainsi cette période idyllique (chapitre 65, verset 25) : « *Le loup et l'agnelet paîtront ensemble, le lion comme le bœuf mangera de la paille, le serpent se nourrira de poussière, on ne fera plus de mal ni de violence sur toute la montagne sainte.* »

Quant à l'organisation et au visage qu'offrira cette société du Verseau, nous ne pouvons encore que la rêver. Dans mes méditations, j'ai vu des monuments de marbre blanc, j'ai vu des rues pavées d'or – car l'or n'aura plus de valeur marchande –, j'ai vu des gens, hommes et femmes, habillés des mêmes tuniques simples et confortables. Images édéniques, parnassiennes, que l'on retrouve dans toutes les cyclologies et qui évoquent en particulier la Jérusalem nouvelle de l'Apocalypse de Jean : « *Les assises de son rempart sont rehaussées de pierreries de toute sorte : la première assise est de jaspe, la deuxième de saphir, la troisième de calcédoine, la quatrième d'émeraude, la cinquième de sardoine, la sixième de cornaline, la septième de chrysolite, la huitième de béryl, la neuvième de topaze, la dixième de chrysoprase, la onzième d'hyacinthe, la douzième d'améthyste. Et les douze portes sont douze perles, chaque porte formée d'une seule perle ; et la place de la ville est de l'or pur, transparent comme du cristal.* »

L'humanité suivra dès lors son cours. Sans doute connaîtra-t-elle d'autres cycles, d'autres années précessionnelles... Dans un avenir si lointain que nous pouvons à peine l'esquisser en filigrane, interviendra la Parousie, le retour glorieux du Christ, si souvent annoncé dans les Évangiles. Annoncé et réclamé : « *Viens, Seigneur Jésus !* » lit-on dans les dernières lignes de l'Apocalypse de Jean.

Selon moi, cette Parousie ne sera pas le retour « pur et simple » de Jésus. Car il doit y avoir progression, évolution, chemin vers Dieu. Les premiers hommes étaient polythéistes : Moïse – pour fixer un repère – a inventé la religion monothéiste. Les dieux étaient autrefois représentés ou figurés par des éléments naturels ou des animaux : la religion hébraïque en a fait un Dieu qu'on ne peut plus nommer ni décrire sans commettre un sacrilège. « Je suis celui qui est », dit simplement Yahvé. Le Dieu primitif était vengeur : il a ensuite conclu une alliance avec les hommes. L'ère du Verseau et le Millenium figureront une nouvelle étape, où l'homme disposera de la Connaissance sacrée et pourra trouver les chemins du Divin. La Parousie sera l'apothéose finale, la fusion dans la Lumière céleste, l'accession au Septième Plan Vibratoire.

Alors surviendra la fin du monde telle que nous l'entendons ordinairement. Le moment où *« le ciel disparaîtra comme un livre qu'on roule »*, nous dit Jean de Patmos. Après le Big Bang doit venir le Bang Big. « Je suis l'Alpha et l'Omega », dit le Seigneur dans l'Apocalypse. Cette Apocalypse ultime sera la Révélation Suprême, celle où toutes les énergies cosmiques se fondront dans le Tout unique...

Mais il nous est bien difficile d'imaginer la Parousie alors que, déjà, l'avènement d'un Grand Monarque éclairé et d'un Souverain Pontife à vocation œcuménique nous paraît presque irréalisable ! Comment espérer une civilisation universelle et naturellement fraternelle quand nous voyons chaque jour s'étaler la brutalité des régimes dictatoriaux et le cynisme de nos prétendues démocraties ? Des démocraties qui n'hésitent pas par exemple à injecter du sang contaminé dans les veines de leurs citoyens* ou qui camouflent volontiers sous un déguisement humanitaire des interventions militaires à but stratégique ou bassement économique.

Quel gouffre inouï nous sépare des réconciliations de l'ère du Verseau telle que nous venons de l'évoquer ! Quel choc, quel extraordinaire cataclysme nous faudra-t-il endurer pour que s'accomplisse une telle révolution de la pensée et que puisse voir le jour ce nouvel âge d'or ? Car si nous refusons de prendre les mesures pour que la transition se fasse en douceur, il n'y aura plus

*Cf. Nostradamus, Centurie V, 96e quatrain :
Sur le milieu du grand monde la rose,
Pour nouveaux faicts sang public espandu :
À dire vray on aura bouche clause,
Lors au besoin viendra tard l'attendu.

qu'une solution : notre civilisation devra être brisée net.

N'oublions pas en effet que ce passage à l'ère du Verseau se fera que nous le voulions ou non : il est inscrit dans le Cosmos. D'ici une ou deux décennies, nous changerons de « mois » dans l'année précessionnelle, le pêcheur de poissons déposera son sac pour que naisse le jeune homme du Verseau. Le moment précis est difficile à chiffrer : disons que la charnière astronomique se situe entre 2005 et 2030. Quoi qu'il en soit, ce changement n'est pas un vœu, mais une réalité inéluctable qui n'attendra pas notre bon gré.

Le problème, c'est que plus l'humanité s'écarte de la voie qu'elle devrait emprunter, plus le virage imposé sera brutal. Plus nous ignorons les appels de Gaïa à changer de Plan Vibratoire, plus nous courons le risque d'être incapables d'accomplir sans dommages le grand saut qui doit nous permettre d'entrer dans l'ère nouvelle...

Ce qui laisse mal augurer de nos chances, c'est l'apathie générale que nous avons déjà évoquée, et que de nombreux éléments semblent devoir conforter. Parce qu'ils tirent avantage du *statu quo,* ou parce que tout changement leur serait coûteux, certains nient même qu'il y ait urgence en la situation. Ces incrédules préfèrent tourner en dérision les prophéties. Ils se tapent sur les cuisses en disant : « Tout cela n'arrivera pas ! »

Pierre nous avait d'ailleurs mis en garde dans sa Deuxième Épître (chapitre 3, versets 3-5) : « *Sachez tout d'abord qu'aux derniers jours, il viendra des railleurs pleins de railleries, guidés par leurs passions. Ils diront : où est la promesse de son avènement ? Depuis que les Pères sont morts, tout demeure comme au début de la création. Car ils ignorent volontairement qu'il y eut autrefois des cieux et une terre qui, du milieu de l'eau, et par le moyen de l'eau, surgit à la parole de Dieu, et que par ces mêmes causes, le monde d'alors périt inondé par l'eau. Mais les cieux et la terre d'à présent, la même parole les a mis de côté et en réserve pour le feu, en vue du jour du Jugement et de la ruine des hommes impies.* »

Ces derniers, ignorant tous les avertissements, se contentent de vivre au jour le jour, et de prendre ce qu'ils peuvent prendre. Qu'importe demain : après nous le Déluge ! « *Ils disent : il n'y a point d'autre vie que la vie actuelle* », brocarde le Coran dans la 45e Sourate. Mais le jour venu, ceux-là périront, « *parce qu'ils ont pris les signes de Dieu pour l'objet de leurs railleries, et que la vie du monde les a éblouis* ».

D'autres ne bougent pas le petit doigt parce qu'ils sont terrorisés. Partout ils constatent la montée des périls mais ils réagissent de mauvaise manière. Ils se contractent, prêts à défendre bec et ongles leur petit lopin de terre ; ils s'accrochent à leurs possessions matérielles comme s'ils espéraient les emporter dans la tombe. La peur est bien souvent piètre conseillère. Surtout qu'en ces

Temps Réduits, nos instincts ont tendance à s'affoler et à nous entraîner dans de périlleuses directions. Ainsi les peureux sont parfaitement conscients du danger, mais ils ne se rendent pas compte qu'à s'affoler comme ils le font, ils émettent des ondes d'angoisse qui amplifient encore les égrégores négatives pesant sur notre Planète Bleue. Ils s'intègrent à cette agressivité et à cette folie qui sont en passe de les précipiter, plus sûrement encore, vers la catastrophe.

Dernière cause d'apathie face à l'urgence : la résignation. En dressant un tableau noir – mais que je crois profondément exact – de la situation planétaire, en énumérant les terribles tourments qui nous attendent peut-être, je sais que je cours le risque de plonger certains dans une forme de « désespoir », au sens étymologique d'absence d'espoir. Ignoreraient-ils la maxime selon laquelle il n'est pas nécessaire d'espérer pour entreprendre ? Sans doute, car ils renoncent à réagir.

Et ce renoncement, c'est exactement ce contre quoi je m'efforce aujourd'hui de lutter ! Je ne brandis pas le catalogue des tribulations apocalyptiques comme un prédicateur désireux de plonger ses ouailles dans une terreur respectueuse et docile. Mon but est au contraire de provoquer chez tous une réaction salvatrice. Mais je suis conscient que, parvenus à ce point de réflexion sur l'Apocalypse, certains seront tentés de se résigner à leur sort, accablés par leur impuissance face à l'ampleur d'une catastrophe planétaire, entre autres désastres. Or ce serait faire là une erreur de parcours colossale ! Au moment où elle devrait être sensibilisée au problème de sa survie, l'humanité pourrait alors se transformer en un gigantesque troupeau de bétail qui se laisserait mener à l'abattoir...

Insouciance, catalepsie ou capitulation... Toutes ces attitudes coupables négligent un fait essentiel : nous ne sommes pas les simples témoins mais les acteurs de cette fin de civilisation ! Chacun de nous est partie du monde, lié intrinsèquement à lui, et nous ne pouvons en aucun cas dégager notre responsabilité. Le sort de l'humanité n'est pas quelque chose de totalement abstrait que nous devons abandonner aux mains de quelques politiques pour qui les échéances électorales sont malheureusement plus pressantes que celles de l'eschatologie. Nous pouvons encore agir sur notre destinée, au niveau individuel et collectif.

Car urgence ou pas, nous conservons entier notre libre arbitre. À chaque moment de notre vie, même confrontés aux pires difficultés, nous avons encore la possibilité de faire des choix. Rappelons-nous ce que nous disions au sujet du symbolisme de la pomme d'Adam et Ève... Aujourd'hui, nous pouvons opter pour les paradis artificiels, pour un occultisme de pacotille ou bien pour la lucidité et l'action positive. Notre libre arbitre nous offre encore la possibilité de renverser la vapeur et de corriger les tendances suicidaires de notre civilisation.

Mais que faire ? La première nécessité, c'est... de prier. Luc (chapitre 21, verset 34) nous y invite ardemment : « *Soyez vigilants et priez tout le temps pour avoir la force d'échapper à ce qui peut arriver.* » Ce qui « peut » arriver, dit-il, car les hommes ont bien encore leur mot à dire.

Depuis deux siècles environ, les exhortations les plus pressantes sont venues de la Vierge. « *Priez, mais priez beaucoup !* » conjure Marie lors de son apparition en 1933 à Beauraing, petit village de Belgique. « *On prie peu !* » s'émeut-elle à San Damiano en 1965. « *Si on ne prie pas, les fléaux viendront très nombreux et très forts.* »

Mais j'entends déjà les railleurs : que peut une prière pour sauver le monde ? Il est important d'expliquer que prier ne signifie pas ânonner une suite de mots appris par cœur. Il ne s'agit pas de réciter machinalement son chapelet : un *Notre Père* sur les gros grains, un *Je vous salue Marie* sur les petits... La prière pour moi constitue une ouverture de la conscience, c'est une mise à l'écoute du monde et des autres. Prier, c'est se placer dans un état de générosité pure, de don gratuit de soi. C'est une dilatation, un relâchement, une soumission joyeuse à la munificence divine. Prier, c'est élargir sa perception de la réalité, ne plus s'enfermer dans un égoïsme réducteur pour aller au contraire vers tous ceux qui souffrent.

Prier, c'est finalement appeler le Tout, et donc entrer en contact avec cette énergie cosmique qui traverse toutes choses. Je vis en permanence avec la sensation que le monde qui m'entoure et l'amas cellulaire qui me constitue ont été créés, voulus par une pensée extraordinaire, qui m'est à la fois extérieure et intérieure, mais qui est surtout une pensée d'amour. Dans la méditation, j'exprime à cette puissance créatrice que je lui suis redevable de mon existence. Je prends conscience que tous les êtres de cette planète sont de la même étoffe que la mienne, que nous sommes comme les gouttes d'eau qui forment l'océan. Je suis naturellement « obligé » d'aimer l'autre qui vient a ma rencontre puisque notre origine et notre substance sont identiques.

Je me suis toujours méfié des gens qui prônaient haut et fort le « droit à la différence ». Non, nous ne sommes pas différents, nous sommes tous semblables, sans distinction d'âge, de classe, de race. L'autre est toujours un autre moi-même. Le « droit à la différence » procède sans doute des meilleures intentions, mais n'oublions pas que c'est aussi au nom de cette différence que l'on tient l'autre à distance, que l'on alimente les racismes et les haines de toutes sortes. N'est-ce pas également au nom de la différence que l'on justifie la misère, les ghettos, la balkanisation ethnique, la mise sous tutelle des femmes, la condamnation des mariages mixtes ?

Être en état de prière, c'est au contraire aller vers l'autre. C'est une attitude constante, qui s'exprime non pas seulement dans des prises de position tonitruantes mais dans les gestes les plus simples de la vie : une porte toujours ouverte, une considération égale donnée à tous, humbles ou puissants, un sourire qui accueille l'inconnu, une curiosité toujours en éveil, une main tendue à un enfant qui pleure. Cet amour qui nous a créés, il doit s'épanouir comme une aura, se réfléchir tout autour de nous. La vie est une joie dont je sens partout les vibrations. Et plus je donne, plus je reçois...

Ainsi conçue, la méditation n'est jamais un acte égoïste. Prier, c'est prier pour l'humanité, pour les autres, donc – mais finalement – pour soi. C'est créer une égrégore positive qui chasse les ténèbres. Si tous les habitants de la planète priaient de cette façon, ensemble, pendant une journée entière, je gage que la Terre pourrait être sauvée. Toutes les guerres, toutes les catastrophes dont nous avons parlé se trouveraient évitées ou réduites à quelques soubresauts. Vous restez sceptiques ? Et pourtant, comment les hommes pourraient-ils reprendre les armes les uns contre les autres ou contre les éléments qui assurent leur survie, si vraiment ils prenaient conscience, ensemble, de leur osmose totale ? Mais ne rêvons pas. Les hommes sont-ils disposés à cette communion universelle ? Les propos de la Vierge lors de son apparition en Bretagne, à Kerizinen, en 1948, nous laissent cependant un certain espoir : « *Bientôt, lorsque les historiens chercheront l'événement qui a changé la face du monde, qui lui a apporté la paix et la prospérité, ils découvriront que ce ne fut pas une bataille, mais une prière.* »

Cet appel à une prière fervente, profondément mystique, ne signifie pas pour autant qu'il faille renoncer à tout pour se plonger dans une vie strictement méditative. Après nous être trop intéressés aux biens matériels, nous ne ferions qu'échanger un déséquilibre contre un autre. Pendant des siècles, nous avons privilégié le matériel au détriment du spirituel, le rationnel au détriment du sensible. Cela a conduit à la mise en coupe réglée de la Nature, au culte effréné du corps, au désir de possession. Aujourd'hui, nous devons impérativement changer de cap. En prenant soin toutefois de ne pas donner de coup de barre trop brusque vers le spirituel : nous tomberions d'un excès dans l'autre et nous deviendrions alors la proie facile de tous les gourous et faux prophètes dont nous avons dénoncé l'action désastreuse.

Les mysticismes non contrôlés engendrent souvent un orgueil néfaste, et surtout inefficace. Restons sur Terre, avec nos impératifs d'êtres humains, notre minimum de matérialité à gérer. Il ne s'agit pas, par exemple, de faire vœu de pauvreté complète pour se dévouer entièrement aux autres, mais plus simplement d'être toujours prêt à donner. Les riches ne seront pas exclus d'office du nombre des Justes, à condition que, « dans leurs richesses, il y ait une part pour le mendiant et pour l'infortuné » (le Coran, Sourate 21).

Ce que nous devons nous efforcer de faire, je l'ai déjà dit, c'est de rétablir l'équilibre entre matérialité et spiritualité, entre le corps et l'âme. Car nous ne pourrons accéder au Quatrième Plan Vibratoire de l'ère du Verseau sans une montée harmonieuse de ces deux principes complémentaires.

Quant aux grands bouleversements qui accompagneront ce passage d'une ère à l'autre, encore une fois leur ampleur reste entre les mains de notre libre arbitre. Rien n'est perdu et, à défaut d'une prière universelle qui pourrait tout changer comme par « miracle », car c'en serait un, je vois partout des raisons d'espérer. Les individus comme les gouvernements ont pris conscience qu'un changement de comportement devenait nécessaire. Les uns comme les autres font les premiers pas et s'efforcent de baisser la garde, au profit d'une certaine générosité. Ah, certes, il y a toujours des grincheux pour critiquer ou brocarder la moindre initiative ! Ces derniers temps, par exemple, on a beaucoup insisté sur les effets pervers de la « charité-spectacle » ; mais c'est oublier que ce phénomène révélait un formidable élan d'altruisme !

Ici et là, j'apprends que se forment des groupes de prière. Des gens se réunissent, afin de prier pour les autres, des malades proches ou lointains, des amis ou des inconnus, et aussi pour le salut du monde. On fait cela depuis la nuit des temps dans les couvents et monastères, mais n'est-ce pas un signe lumineux que de voir des « civils », des gens « dans le siècle », pratiquer cette prière collective à leur tour ?

Au niveau des responsables, par ailleurs, quels progrès depuis dix ou vingt ans ! Les cris d'alarme des scientifiques et des écologistes ont été finalement entendus par les hommes politiques et par les diplomates. De protocole en conférence et conventions diverses, on passe peu à peu des simples déclarations d'intention aux mesures concrètes de lutte contre la pollution ou de réduction de l'armement. Bien sûr, on attaque le mal tardivement et le succès de la cure ne peut être garanti : mais au moins un traitement est-il amorcé. Nous avons compris que toute autre attitude menait inéluctablement à l'anéantissement. Savants, intellectuels, religieux s'efforcent de formuler une éthique nouvelle, qui ne serait plus fondée sur l'exploitation de la Nature ni des hommes. On s'attelle à cette tâche formidable qui consisterait à concilier l'écologie, au sens le plus large du terme, et le nécessaire développement technologique.

Et dans le domaine de la religion, on voit s'organiser des rencontres – encore timides, certes, mais prometteuses – entre les chefs des différentes confessions.

La dilatation que l'on réalise dans la prière, je la retrouve aussi dans le mouvement d'élargissement planétaire qui se dessine, en dépit des résistances nationales. Ainsi, les hommes sont de plus en plus nombreux à affirmer que leur pays, c'est la Terre ; ce qu'une conférence de chefs d'État réunie à La Haye en 1989 a résumé par une lapalissade à l'humour involontaire : « *Comme les problèmes sont planétaires, leurs solutions ne peuvent être conçues qu'au niveau mondial.* » Le sociologue Edgar Morin souligne de son côté que nous sommes parvenus « *au moment historique où s'impose l'exigence fondamentale d'une unité de l'espèce humaine... Si l'humanité ne parvient pas à réaliser cette unité, elle courra certainement le risque de s'autodétruire* ».

Partout, j'entends qu'on admet comme une vérité nouvelle un des principes fondateurs de l'ésotérisme : le monde est Un, la partie est dans le tout et le tout dans la partie. Cette position a des conséquences essentielles : elle signifie en effet que tous les phénomènes doivent être considérés comme dépendants. Nous savons désormais qu'il n'y a plus d'ailleurs : nous ne pouvons plus par exemple nous débarrasser de nos déchets nucléaires ou chimiques chez le voisin, car cet « ailleurs », c'est encore chez nous...

Une telle conception éclaire d'un jour nouveau les rapports entre pays riches et pays pauvres. Les premiers commencent à comprendre qu'ils ne peuvent continuer à exploiter les seconds sans risquer un sérieux retour de flamme : migrations déstabilisatrices, explosion sociale, saccage du patrimoine écologique, velléités guerrières... Désormais, les chefs d'État et les organisations internationales établissent un lien direct entre développement et paix. Encore une affirmation du caractère positif de l'expansion et de la dilatation...

Dans tous les domaines et à tous les niveaux, on voit donc naître un nouveau mode de pensée et de nouveaux comportements. Néanmoins, ne crions pas trop tôt victoire... Les dangers que nous avons énumérés tout au long de ce livre sont trop pesants pour être si vite balayés. D'autant que la prise de conscience est encore loin d'être générale ou sincère. Un exemple parmi d'autres : il y a quelques années, les Nations unies ont pris la décision d'inviter chaque pays à consacrer 1% de son produit national brut à l'aide aux pays du tiers monde. Jusqu'à présent, à l'exception de la Suède, cette décision n'a été respectée par aucun État...

Il faut donc se garder d'un optimisme trop angélique... Notre civilisation est sans doute allée trop loin dans le négatif pour que nous espérions entrer en douceur dans l'ère du Verseau. Disons seulement, et qu'on me pardonne la trivialité du propos, que nous pouvons encore sérieusement limiter les dégâts.

Cela dit, quelle attitude nous reste-t-il à respecter, individuellement, face à ces dégâts de plus ou moins grande importance ? L'acceptation – qui n'est pas résignation – me semble la seule solution. « *Placez-vous sous l'invocation de ma mère* », dit le Christ par la bouche du Padre Pio. « *Quoi que vous puissiez voir ou entendre, ne désespérez pas... Ne doutez pas de votre délivrance ! Je vous garderai de tout danger si vous avez confiance en Mon Amour.* »

Une fois que chacun de nous aura accompli tous les efforts possibles d'amélioration, d'altruisme, bref d'élévation vers un plan supérieur, que peut-il faire d'autre, en effet, que de s'en remettre avec confiance à la volonté divine ?

L'Apocalypse de saint Jean nous dit que seuls, seront sauvés ceux qui seront marqués au front. On retrouve cette même idée dans l'Évangile selon saint Luc (chapitre 17, verset 33) : « *Qui cherchera à épargner sa vie la perdra et qui la perdra la sauvegardera. Je vous le dis, en cette nuit-là, deux seront sur un même lit : l'un sera pris et l'autre laissé, deux femmes seront à moudre ensemble : l'une sera prise et l'autre laissée.* » Donnons-nous donc toutes les chances de figurer parmi ceux qui seront marqués de l'indulgence divine. Et si nous manquons de grandeur, ou simplement de force, pour nous amender, si nous n'arrivons pas à « choisir », dans notre libre arbitre, cette voie étroite de la difficulté sanctificatrice, choisissons Dieu, tout simplement ! Le meilleur usage que nous puissions faire de notre libre arbitre, c'est ce que j'appelle le « lâcher prise » : « *Que ta volonté soit faite !* » disent nos prières. C'est par ce total abandon dans le flux de l'énergie divine que nous aurons la chance d'appartenir aux Justes sauvés du chaos et des épreuves. Combien seront-ils ? 144 000 selon l'Apocalypse de Jean. Mais il ne dépend que de nous qu'ils soient plus nombreux. Car en ces Temps Réduits, une formidable opportunité nous est offerte : la puissance des vibrations cosmiques en cette fin de Kali-Yuga joue comme un accélérateur du temps. Les gens ont la possibilité de développer leur conscience beaucoup plus vite qu'autrefois : la quête de la Connaissance qui prenait souvent toute une vie, et même plusieurs, peut aujourd'hui s'effectuer sous la forme d'une révélation presque instantanée. « *Vos fils et vos filles prophétiseront,* lit-on dans la Bible, *vos vieillards auront des songes, vos jeunes gens des visions.* »

Les Élus seront ceux qui auront su jeter une passerelle vers ce monde suprasensible. La marque au front qui les signale selon Jean, n'est-ce très exactement le sixième chakra de la tradition hindoue ? Ce centre subtil est le lieu de passage de l'énergie cosmique avec le « lotus aux mille pétales », situé au sommet du crâne et dont l'ouverture correspond à la révélation de la conscience universelle...

Ainsi les Justes ne seront pas ceux qui auront suivi à la lettre un code moral rigide, édicté par les hommes. Ce sont ceux qui auront atteint un niveau de spiritualité leur permettant de percevoir la Divinité en toutes choses, ceux pour qui la prière ne sera plus seulement une parole mais un *acte* d'amour.

Plus les hommes seront nombreux à parvenir à ce stade, plus les tourments apocalyptiques s'en trouveront amoindris. Souvenons-nous en effet que Dieu n'est pas une force vengeresse qui prendrait un plaisir sadique ou puéril à détruire sa Création. Sa « punition » ne dépassera pas notre faute. Mieux, nous l'avons dit, Il abrégera nos souffrances par miséricorde pour les Justes. Les tribulations apocalyptiques auront donc la violence que nous voudrons bien leur donner ! Parce qu'il est le simple catalyseur de nos énergies négatives, l'Antéchrist n'aura comme puissance que celle qu'il pourra puiser en nous. Faisons en sorte de limiter au maximum ses pouvoirs et cette fin de cycle s'accomplira dans les meilleures conditions : les catastrophes planétaires pourraient se muer en de « légères » péripéties.

À l'échelle de l'Histoire des hommes, cette Apocalypse n'est qu'une étape, et non pas le Grand Châtiment. Je me refuse à croire que Dieu ait créé le monde pour le mener à l'impasse d'une destruction ou pour satisfaire un désir de vengeance. Le Seigneur est Miséricorde. Et l'Apocalypse est une Révélation : celle du devenir de l'humanité et de sa longue ascension vers la Lumière. Chaque fois qu'ils perdent conscience de cette vérité, les hommes courent le risque de se voir brutalement rappelés à l'ordre. Depuis ses origines, l'humanité a entrepris un long voyage que nous n'avons pas le droit d'interrompre avant l'éblouissement final. *« Je suis l'Alpha et l'Oméga,* dit le Seigneur à la fin du livre prophétique de

Jean, *Le Premier et le Dernier, le Principe et la Fin. Heureux ceux qui lavent leurs robes, ils pourront disposer de l'arbre de vie et pénétrer dans la Cité.* »

L'essentiel, c'est de se persuader que le pire n'est jamais acquis. Et si l'humanité, en se reprenant à temps – de toute urgence ! – parvenait à entrer sans catastrophe universelle dans l'ère du Verseau, alors elle se montrerait digne de son nom, et de son Créateur.

BIBLIOGRAPHIE

Anthologie de la Poésie nordique ancienne, traduction de Renauld-Kranz, Unesco-Gallimard, Paris, 1964.

Jacques D'ARES, *Encyclopédie de l'ésotérisme,* Éditions du Jour, J.-P. Delarge.

Atlantis, n° 364, hiver 1991, « Où en sommes-nous de la fin des temps ? »

Raoul AUCLAIR, *la Fin des temps, le nouveau livre des cycles,* Librairie Fayard, 1973.

Kerizinen, apparitions en Bretagne, Nouvelles Éditions latines, Paris, 1968.

Élizabeth BELLECOUR, *Nostradamus trahi,* suivi du texte original et complet des dix centuries, Éditions Robert Laffont, 1981.

Charles BERLITZ, *l'Atlantide retrouvée, le Huitième continent,* Éditions du Rocher, 1984.

La Bible de Jérusalem, Éditions du Cerf, Desclée de Brouwer, Paris, 1975.

Jacob BOEHME, *Mysterium Magnum,* Aubier-Montaigne, Paris, 1978.

El BOKHARI, *les Traditions islamiques,* traduction de O. Houdas, Paris, 1914.

Édouard BRICON, *Recueil de prédictions depuis le seizième siècle jusqu'à la consommation des temps,* Librairie catholique Édouard Bricon, Paris, 1830.

Pierre CARNAC, *le Monde commence à Bimini,* Éditions Robert Laffont, 1973.
Prophéties et prophètes de tous les temps, Éditions Pygmalion, Paris, 1991.
Georges CERBELAUD-SALAGNAC, *Fatima et notre temps,* Éditions France-Empire, 1967.
Josane CHARPENTIER, *le Livre des Prophéties,* Éditions Astra, Paris, 1982.
Robert CHARROUX, *Histoire inconnue des hommes depuis cent mille ans,* Laffont, 1963.
Annette COLIN-SIMARD, *les Apparitions de la Vierge,* Librairie Fayard, Paris, 1981.
Le Coran, traduction de Kazimirski, Éditions Bordas, Paris, 1991.
Édouard DHORME, *les Religions de Babylonie et d'Assyrie,* Paris, 1949.
J. DORESSE, *les Livres secrets des gnostiques d'Égypte,* Paris, 1958.
Georges DUMÉZIL, *les Dieux indo-européens,* PUF, 1957.
Mircea ÉLIADE, *le Mythe de l'Éternel Retour,* Éditions Gallimard, Paris, 1969.
La Nostalgie des origines, Gallimard, 1971.
Traité d'histoire des religions, Payot, 1949.
Luc FERRY, *le Nouvel ordre écologique,* Éditions Grasset & Fasquelle, 1992.
A. J. FESTUGIÈRES, *la Révélation de Hermès Trismégiste,* Paris, Les Belles Lettres, 1983.
André FROSSARD, *le Parti de Dieu, Lettre aux Évêques,* Librairie Fayard, 1992.
Jean GABRIEL, *Présence de la Très Sainte Vierge à San Damiano,* Nouvelles Éditions latines, 1975.
Josef GIEBEL, *Prophéties face à la science,* Éditions Sand, 1983.
Edward GOLDSMITH et Nicholas HILDYARD, *Rapport sur la Planète Terre,* Éditions Stock, 1990.

Joëlle de Gravelaine, *Prédictions et Prophéties,* Librairie Hachette, Paris, 1965.
René Guénon, *Formes traditionnelles et cycles cosmiques,* Gallimard, 1970.
Introduction générale à l'étude des doctrines hindoues, Véga, 1921.
Serge Hutin, *les Civilisations inconnues,* Arthème Fayard, 1961.
Dorothée Koechlin de Bizemont, *Prophéties d'Edgar Cayce,* Éditions du Rocher, Monaco, 1989.
S. N. Kramer, *l'Histoire commence à Sumer,* Librairie Arthaud, Paris, 1975.
S. Kravelic, *les Apparitions de Mejdugorje,* Paris, 1988.
Jacques Lacarrière, *En suivant les dieux,* Philippe Lebaud Éditeur, 1984.
Paul Le Cour, *l'Ère du Verseau,* Dervy-Livres, Paris, 1980.
Paul Le Cour, Jacques d'Ares et Doru Todericiu, *l'Atlantide atlantique,* Atlantis, 1971.
La légende immémoriale du dieu Shiva, le Shiva-Purana, traduit du sanscrit par Tara Michaël, Éditions Gallimard, Paris, 1991.
Max Le Hidec, *les Secrets de La Salette,* Nouvelles Éditions latines, 1969.
Gilles Lipovetsky, *l'Ère du vide, Essais sur l'individualisme contemporain,* Éditions Gallimard, Paris, 1985.
Jean-Luc Maxence, *la Mystérieuse prophétie de saint Malachie,* Oswald, 1979.
Éric Muraise, *Histoire et légende du grand monarque,* Albin Michel, 1976.
Fernand Niel, *la Civilisation des mégalithes,* Plon, 1970.

NOSTRADAMUS, *Texte original et complet des prophéties,* commentées par P. Édouard, Les Belles Éditions, Paris, 1939.
Jean PHAURE, *le Cycle de L'Humanité Adamique,* Dervy-Livres, Paris, 1988.
PLATON, *Timée,* Édition de la Pléiade, Gallimard. *Critias,* Édition de la Pléiade, Gallimard.
André POCHAN, *l'Énigme de la grande pyramide,* Laffont, 1971.
Jean ROSTAND, *Inquiétudes d'un biologiste,* Stock, 1967.
Alex ROUDÈNE, *les Prophéties, vérité ou mensonges ?* Les Éditions de l'Athanor, Paris, 1976.
F. SANCHEZ-VENTURA Y PASCUAL, *Marie annonce la fin des temps,* Nouvelles Éditions latines, 1969.
Science et Avenir, n° 584, octobre 1992, « 26 septembre 2000, la collision ? Les fins du monde. »

TABLE

Quelques lignes en forme de remerciements et d'avertissement 7

CHAPITRE PREMIER

URGENCE !

« Écris donc ce que tu as vu, ce qui est, ce qui doit arriver après toutes choses ! » 11

CHAPITRE DEUXIÈME

QUAND LES SCIENTIFIQUES REJOIGNENT LES INITIÉS

« Un temps viendra où les hommes ne regarderont plus le monde comme le digne objet de leur admiration et de leur révérence. » 47

CHAPITRE TROISIÈME

LES RESCAPÉS DE L'ATLANTIDE

« L'imagination est la reine du vrai, et le possible est l'une de ses provinces. » 85

CHAPITRE QUATRIÈME

LA CONNAISSANCE DÉVOYÉE

« Science sans conscience n'est que ruine de l'âme. » 123

CHAPITRE CINQUIÈME

QUAND LA PLANÈTE BLEUE S'ENROBE DE NOIR

« Allons, mes enfants, réveillez-vous de ce sommeil, car d'un moment à l'autre, le monde peut être jeté à bas. » 149

CHAPITRE SIXIÈME

LES TROMPETTES DE L'APOCALYPSE

« Lors se perdra la piscature barque. » 183

CHAPITRE SEPTIÈME

D'UNE ÈRE À L'AUTRE

Ceux qui seront marqués au front.

« Vous aurez aussi à entendre parler de guerres et de rumeurs de guerres ; voyez, ne vous alarmez pas : car il faut que cela arrive. » 219

Bibliographie sommaire.................................247

Grands romans

La littérature conjuguée au pluriel, pour votre plaisir. Des œuvres de grands romanciers français et étrangers, des histoires passionnantes, dramatiques, drôles ou émouvantes, pour tous les goûts...

ADLER PHILIPPE

Bonjour la galère !
1868/1

Les amies de ma femme
2439/3

Mais qu'est-ce qu'elles veulent ces bonnes femmes ? Quand il rentre chez lui, Albert aimerait que Victoire s'occupe de lui mais rien à faire : les copines d'abord. Jusqu'au jour où Victoire se fait la malle et où ce sont ses copines qui consolent Albert.

ANDREWS™ VIRGINIA C.

Fleurs captives

Dans un immense et ténébreux grenier, quatre enfants vivent séquestrés. Pour oublier leur détresse, ils font de leur prison le royaume de leurs jeux, le refuge de leur tendresse, à l'abri du monde. Mais le temps passe et le grenier devient un enfer. Et le seul désir de ces enfants devenus adolescents est désormais de s'évader... à n'importe quel prix.

- Fleurs captives
1165/4
- Pétales au vent
1237/4
- Bouquet d'épines
1350/4
- Les racines du passé
1818/5
- Le jardin des ombres
2526/4

La saga de Heaven

- Les enfants des collines
2727/5

C'est l'envers de l'Amérique : la misère à deux pas de l'opulence. Dans la cabane sordide où elle vit avec ses quatre frères et sœurs, Heaven se demande comment ses parents ont eu l'idée de lui donner ce prénom : «Paradis». Un jour, elle apprendra le secret de sa naissance.

- L'ange de la nuit
2870/5
- Cœurs maudits
2971/5
- Un visage du paradis
3119/5
- Le labyrinthe des songes
3234/6

Ma douce Audrina
1578/4

Etrange existence que celle d'Audrina ! Sur cette petite fille de sept ans, pèse l'ombre d'une autre : sa sœur aînée, morte il y a bien longtemps dans des circonstances tragiques et qu'elle est chargée de faire revivre.

Aurore

Un terrible secret pèse sur la naissance d'Aurore. Brutalement séparée des siens, humiliée, trompée, elle devra payer pour les péchés que d'autres ont commis. Car sur elle et sur sa fille Christie, plane la malédiction des Cutler...

- Aurore
3464/5
- Les secrets de l'aube
3580/6
- L'enfant du crépuscule
3723/6
- Les démons de la nuit
3772/6
- Avant l'aurore
3899/5

ARCHER JEFFREY

Le souffle du temps
4058/9

ASHWORTH SHERRY

Calories story
3964/5 Inédit

ATTANÉ CHANTAL

Le propre du bouc
3337/2

AVRIL NICOLE

Monsieur de Lyon
1049/2

La disgrâce
1344/3

Isabelle est heureuse, jusqu'au jour où elle découvre qu'elle est laide. A cette disgrâce qui la frappe, elle survivra, lucide, dure, hostile, adulte soudain.

Jeanne
1879/3

Don Juan aujourd'hui pourrait-il être une femme ? La belle Jeanne a appris, d'homme en homme, à jouir d'une existence qu'elle sait toujours menacée.

L'été de la Saint-Valentin
2038/1

La première alliance
2168/3

Sur la peau du Diable
2707/4

Dans les jardins de mon père
3000/2

Il y a longtemps que je t'aime
3506/3

L'amour impossible entre Antoine, 14 ans, et Pauline, sa belle-mère.

BACH RICHARD

Jonathan Livingston le goéland
1562/1 Illustré

Illusions/Le Messie récalcitrant
2111/1

Un pont sur l'infini
2270/4

Grands romans

BELLETTO René
Le revenant
2841/5
Sur la terre comme au ciel
2943/5
La machine
3080/6
L'Enfer
3150/5

BERBEROVA Nina
Le laquais et la putain
2850/1
Astachev à Paris
2941/2
La résurrection de Mozart
3064/1
C'est moi qui souligne
3190/8
L'accompagnatrice
3362/4
De cape et de larmes
3426/1
Roquenval
3679/1
A la mémoire de Schliemann
3898/1

BERGER Thomas
Little Big Man
3281/8

BEYALA Calixthe
C'est le soleil qui m'a brûlée
2512/2
Le petit prince de Belleville
3552/3
Maman a un amant
3981/3
Loukoum, douze ans, est un Africain de Belleville, gouailleur et tendre comme tous les gamins de Paris. Mais voilà que sa mère décide soudain de s'émanciper. Non contente de vouloir apprendre à lire et à écrire, elle prend un amant, un Blanc par-dessus le marché ! Décidément, la liberté des femmes, c'est rien de bon...

BLAKE Michael
Danse avec les loups
2958/4

BORY Jean-Louis
Mon village à l'heure allemande
81/4

BOUDARD Alphonse
Saint Frédo
3962/3

BRAVO Christine
Avenida B.
3044/3

TERROIR

Romans et histoires vraies d'une France paysanne qui nous redonne le goût de nos racines.

BRIAND Charles
De mère inconnue
3591/5
Le destin d'Olga, placée comme domestique chez des paysans angevins et enceinte à 14 ans.

CLANCIER G.-E.
Le pain noir
651/3

GEORGY Guy
La folle avoine
3391/4
Orphelin, Guy-Noël vit chez sa grand-mère, une vieille dame qui connaît tout le folklore et les légendes du pays sarladais.

JEURY Michel
Le vrai goût de la vie
2946/4
Une odeur d'herbe folle
3103/5
Le soir du vent fou
3394/5
Un soir de 1934, alors que souffle le vent fou, un feu de broussailles se propage rapidement et détruit la maison du maire...

LAUSSAC Colette
Le sorcier des truffes
3606/1

MASSE Ludovic
Les Grégoire
Histoire nostalgique et tendre d'une famille, entre Conflent et Vallespir, en Catalogne française, au début du siècle.
- Le livret de famille
3653/5
- Fumées de village
3787/5
- La fleur de la jeunesse
3879/5

PONÇON Jean-Claude
Revenir à Malassise
3806/3

SOUMY Jean-Guy
Les moissons délaissées
3720/6
Mars 1860. Un jeune Limousin quitte son village natal pour aller travailler à Paris, dans les immenses chantiers ouverts par Haussmann. Chaque année, la pauvreté contraint les gens de la Creuse à délaisser les moissons... Histoire d'une famille et d'une région au siècle dernier.

VIGNER Alain
L'arcandier
3625/4

VIOLLIER Yves
Par un si long détour
3739/4

Grands romans

BROUILLET Chrystine
Marie LaFlamme
- Marie LaFlamme
3838/6
En 1662, à Nantes, la mère de Marie est condamnée au bûcher. Pour sauver sa fille, elle lui fait épouser un riche et cruel armateur, Geoffroy de St Arnaud. Mais Marie aime Simon et pour conquérir sa liberté, elle est prête à tout. Même à s'embarquer pour la Nouvelle-France, qui va devenir le Canada...
- Nouvelle-France
3839/6
- La renarde
3840/6

BYRNE Beverly
Gitana
3938/8

CAILHOL Alain
Immaculada
3766/4 Inédit
Histoire d'un écrivain paumé, en proie au mal de vivre. Un humour désespéré teinte ce premier roman d'un auteur bordelais de vingt ans, qui s'inscrit dans la lignée de Djian.

CALFAN Nicole
La femme en clef de sol
3991/2

CAMPBELL Naomi
Swan
3827/6

CATO Nancy
Lady F.
2603/4
Tous nos jours sont des adieux
3154/8
Sucre brun
3749/6
Marigold
3837/2

CHAMSON André
La Superbe
3269/7
La tour de Constance
3342/7

CHEDID Andrée
La maison sans racines
2065/2
Le sixième jour
2529/3
Le choléra frappe Le Caire. Ignorante et superstitieuse, la population préfère cacher les malades car, lorsqu'une ambulance vient les chercher, ils ne reviennent plus. L'instituteur l'a dit : «Le sixième jour, si le choléra ne t'a pas tué, tu es guéri.»
Le sommeil délivré
2636/3
L'autre
2730/3
Les marches de sable
2886/3
L'enfant multiple
2970/3
Le survivant
3171/2
La cité fertile
3319/1
La femme en rouge
3769/1

CLANCIER Georges-Emmanuel
Le pain noir
651/3
Le pain noir, c'est celui des pauvres, si dur, que même les chiens n'en veulent pas. Placée à huit ans comme domestique chez des patrons avares, Cathie n'en connaîtra pas d'autre. Récit d'une enfance en pays Limousin, au siècle dernier.

CLERC Christine
Jacques, Edouard, Charles, Philippe et les autres
3828/5

CLÉMENT Catherine
Pour l'amour de l'Inde
3896/8
Le roman vrai des amours de Nehru et de Lady Edwina Mountbatten, l'une des plus grandes dames de l'aristocratie anglaise,femme du dernier des vice-rois des Indes britanniques.

COCTEAU Jean
Orphée
2172/1

COLETTE
Le blé en herbe
2/1

COLOMBANI Marie-Françoise
Donne-moi la main, on traverse
2881/3
Derniers désirs
3460/2

COLLARD Cyril
Cinéaste, musicien, il a adapté à l'écran et interprété lui-même son second roman Les nuits fauves.
Le film 4 fois primé, a été élu meilleur film de l'année aux Césars 1993. Quelques jours plus tôt Cyril Collard mourait du sida.
Les nuits fauves
2993/3
Condamné amour
3501/4
Cyril Collard : la passion
3590/4 (par J.-P. Guerand & M. Moriconi)
L'ange sauvage (Carnets)
3791/3

CONROY Pat
Le Prince des marées
2641/5 & 2642/5
Le Grand Santini
3155/8

CORMAN Avery
Kramer contre Kramer
1044/3

3786

R.I.D. Composition 91400 - Gometz-la-Ville
Achevé d'imprimer en Europe (France)
par Brodard et Taupin à La Flèche (Sarthe)
le 29 mars 1996. 1981N-5
Dépôt légal mars 1996. ISBN 2-290-03786-9
1er dépôt légal dans la collection : octobre 1994
Éditions J'ai lu
27, rue Cassette, 75006 Paris
Diffusion France et étranger : Flammarion